AF452221

DISCOURS

SUR LA SUPPRESSION

DES COUVENS DE RELIGIEUSES,

ET

SUR L'ÉDUCATION PUBLIQUE

DES FEMMES.

Tous ceux qui, parmi les Anciens, méditerent sur l'art de gouverner les hommes, reconnurent que le sort des Empires dépend de l'institution de la jeunesse. ANACHARSIS.

PAR Mme DE BRULART,

Ci-devant Mme DE SILLERY, *Gouvernante des enfans de la Maison* D'ORLÉANS.

A PARIS,

Chez { ONFROY, Libraire, rue S. Victor.
NÉE DE LA ROCHELLE, Libraire, rue du Hurepoix, n°. 13.

1790.

« On a, dans tous les temps, négligé l'éducation des
» filles. L'on n'a d'attention que pour les hommes ;
» & comme si les femmes étoient une espece à
» part, on les abandonne à elles-mêmes, sans se-
» cours, sans penser qu'elles composent la moitié du
» monde ; qu'on est uni à elles nécessairement par les
» alliances ; qu'elles font le bonheur ou le malheur
» des hommes, qui toujours sentent le besoin de les
» avoir raisonnables ; que c'est par elles que les maisons
» s'élevent ou se détruisent ; que l'éducation leur est
» confiée dans la premiere jeunesse, temps où les im-
» pressions se font plus vives & plus profondes ». —
Avis d'une mere à sa fille, par Madame la Mar-
quise de Lambert.

« Si certains hommes ne vont pas dans le bien jus-
» qu'où ils pourroient aller, c'est par le vice de leur
» premiere instruction ». — *La Bruyere.*

AVERTISSEMENT.

VOILA encore un Discours sur l'éducation : si l'on prend la peine d'en parler dans le Mercure, je désire que cet extrait soit dans le genre de celui qu'on y a déjà vu de mon Discours sur l'éducation de M. le Dauphin; car l'Auteur de cet Extrait n'a pu faire une longue critique, qu'en disant une infinité de choses étrangeres à l'Ouvrage; qu'en attaquant ma personne & mon caractere, & qu'en se permettant d'altérer sans cesse la vérité. Si l'on pouvoit combattre par la raison, on n'emploieroit certainement pas de tels moyens. M. de la Harpe (dans cet Extrait) me fait dire continuellement ce que je n'ai pas dit, & ne me cite jamais que d'une maniere infidele, en supprimant des mots nécessaires au sens, & dont la suppression change entierement la signification de la phrase:

c'est ainsi qu'il me fait dire que je pro-
pose un projet que j'annonce moi-même
impraticable, & qu'il supprime ces mots,
qui pourroit au premier coup-d'œil paroître impraticable : c'est ainsi qu'il se
récrie sur la dureté de ma définition des
devoirs d'un Instituteur, qui doit gouverner despotiquement, & qu'il supprime ces mots, & faire chérir son empire. C'est avec cette bonne foi qu'il me
critique d'un bout à l'autre de l'Extrait,
comme on peut s'en convaincre, en con-
frontant sa critique avec l'Ouvrage dont
il rend compte. Je ne releverai point une
foule d'autres infidélités de ce genre,
parce que tout le monde en peut juger ;
je me bornerai à me disculper d'une ac-
cusation très-bizarre. M. de la Harpe dit
que je parle de J. J. Rousseau avec mépris. Il est peu vraisemblable qu'une personne qui a depuis plus de vingt ans con-
sacré tous les instans de sa vie à remplir
les devoirs de mere & d'Institutrice, puisse
parler de l'Auteur d'Emile avec mépris :

[v]

C'est à peu près comme si l'on accusoit M. de la Harpe de parler du grand Corneille avec mépris. Au reste, je n'ai pas prononcé le nom de J. J. dans le Discours sur l'éducation de M. le Dauphin ; ainsi, cette imputation est d'autant plus extraordinaire, qu'elle étoit étrangere à l'objet dont il rendoit compte ; mais comme elle pourroit faire quelque impression sur l'esprit de ceux qui n'ont pas lu mes autres Ouvrages, je dois déclarer ici que je n'ai jamais parlé de J. J. Rousseau qu'avec le sentiment & l'expression de la plus vive admiration : comme mere & comme Institutrice, j'ai dû le critiquer , parce qu'il s'est égaré souvent, & que ses Ecrits contiennent plusieurs principes dangereux ; mais en même temps personne n'a mieux senti que moi combien l'enfance & les Instituteurs lui doivent de reconnoissance. Mille fois, dans mes Ouvrages, j'ai fait l'éloge de ses talens sublimes. Je ne citerai point ces éloges qui n'étoient mêlés d'aucune censure ; je *ne rapporterai ici qu'un jugement critique sur ses Ecrits & sur sa personne, qui contient tout ce que j'ai dit contre lui ; & l'on verra si, même en le combattant, j'ai parlé de lui avec mépris. Je vais copier fidelement ce morceau tout entier ; je n'en retrancherai même pas les petites notes qui en dépendent. Je commence par citer le jugement de l'Auteur de l'Esprit des Philosophes religieux, sur J. J. Rousseau ; on y dit que ce sublime morceau si connu, La majesté des Ecritures m'étonne, &c., doit être regardé comme un hommage échappé à la conviction intime qu'il avoit de l'excellence & de la beauté de la religion. C'est après ceci que commence ma critique, que je vais transcrire tout entiere, en la marquant avec des guillemets (1).*

---

(1) Voyez l'Ouvrage qui a pour titre, *La religion considérée comme l'unique base du bonheur*, &c., note 8, à la fin du volume. Je dois ajouter qu'il y a eu jusqu'ici quatre éditions différentes de cet Ouvrage ; que j'ai fait aux dernieres quelques augmentations ; mais que

[vij]

« Ce n'est pas seulement dans un
» seul morceau que Rousseau a rendu
» cet hommage à la Religion ; j'ai cité
» de lui une infinité de passages du
» même genre ; ces éternelles vérités
» étoient au fond de son cœur, on le
» sent à la maniere forte & touchante
» dont il les exprime. Mais pourquoi,
» d'un autre côté, les a-t-il si formel-
» lement démenties & combattues ?
» pourquoi soutient-il si souvent le *pour*
» & le *contre* ? Il fut égaré par un or-
» gueil excessif ; il méconnut aussi la
» véritable gloire ; il voulut ne ressem-
» bler à personne ; il sacrifia la raison,
» la vérité, & sa propre conviction, au
» désir d'obtenir promptement une cé-
» lébrité brillante ; trop fier & trop
» grand pour se plier aux souplesses & au
» manége de l'intrigue, trop avide de
» succès pour se livrer franchement à la

dans aucune je n'ai touché à cet article, qui se trouve
dans toutes les éditions exactement conforme à la copie
que j'insere ici.

» bonne caufe, & pour rejeter tous les
» artifices qui peuvent acquérir des
» partifans; trop fenfible, enfin, pour
» adopter entierement tout le fyftême
» philofophique, il prit des partis mi-
» toyens; il parut flotter entre l'erreur &
» la vérité, difpofition qui naturellement
» plaît à notre foibleffe; des traits d'une
» morale admirable lui gagnerent tous
» les gens de bien ; quels que foient fes
» égaremens, qui pourroit méprifer ou
» haïr celui qui a parlé tant de fois de
» la vertu d'une maniere fi perfuafive,
» fi attrayante, & fi fublime ! Des pein-
» tures licencieufes, des principes dan-
» gereux, mais cependant voilés avec
» art, montrés avec une adreffe fédui-
» fante, devoient plaire généralement,
» & ne pouvoient produire dans l'efprit
» des perfonnes les plus féveres, ce dé-
» goût & cette vive indignation qu'ont
» excités les Contes de Voltaire, de
» Diderot, &c. Les eccléfiaftiques &
» les dévots lui ont tous pardonné au

» fond de l'ame ce qu'il a écrit contre
» la Religion, en faveur des hommages
» si répétés qu'il a rendus à l'Evangile;
» les femmes, comme je l'ai remarqué
» ailleurs (1), lui ont aussi pardonné
» d'avoir parlé d'elles avec mépris,
» parce qu'il en parle toujours *avec le*
» *ton de la passion*. En un mot, il a su
» ménager tout le monde, en se conser-
» vant le privilége de tout dire, & préci-
» sément parce qu'il n'avoit point d'opi-
» nion fixé & de principes invariables;
» car il se contredit tellement, que de-
» puis les *athées* jusqu'aux *saints*, cha-
» cun peut trouver dans ses ouvrages
» des idées & des principes analogues
» à sa croyance & à ses sentimens.
» Mais, dira-t-on peut-être, il n'a pas
» ménagé les philosophes ; avec quel
» mépris ne les a-t-il pas traités dans ses
» ouvrages ! Oui, mais il a écrit aussi
» contre la révélation, contre les *peines*

____

(1) Dans *Adele* & *Théodore*.

» *éternelles* ; & c'étoit rentrer dans le
» fyftême général des philofophes ;
» d'ailleurs il a ménagé *la fecte* d'une
» maniere plus marquée encore dans fa
» nouvelle Héloïfe , en peignant un
» *athée* comme le modele accompli de
» la fageffe & de la vertu. Ce caractere
» eft fi peu dans la nature, il eft fi chi-
» mérique, qu'il auroit fuffi feul pour
» gâter l'ouvrage le mieux conçu. Auffi
» les partifans les plus enthoufiaftes de
» Rouffeau ont-ils également blâmé,
» & l'idée (dont les réfultats font fi
» pernicieux), & le perfonnage fi froid,
» fi infipide, & fi peu naturel. Rouffeau
» ne croyoit certainement pas qu'un
» athée pût être le plus pur, le plus
» honnête, le plus fage , & le plus heu-
» reux de tous les hommes ; mais il
» n'ignoroit pas combien les philofophes
» lui fauroient gré de cette fuppofition,
» & que cette *condefcendance* les enga-
» geroit tous infailliblement à rendre
» juftice aux beautés de détail que l'im-

[xj]

» partialité trouvera toujours dans ce
» dangereux roman (1). Rousseau avoit
» autant d'adresse que de génie, son
» esprit étoit aussi fin qu'élevé ; il con-
» nut mille fois mieux les hommes & le
» monde que les autres philosophes qui
» ne voyoient en lui qu'un sauvage &
» un misanthrope ; il eut l'air de dédai-
» gner l'art & les ménagemens ; il ré-
» pete toujours qu'il n'écrit point pour
» se faire des partisans , qu'il sait bien
» que ses ouvrages *déplairont*, &c. Mais
» il avoit profondément calculé les
» moyens d'obtenir des applaudissemens
» universels & une réputation brillante;
» il rejeta ceux qui peuvent avilir, mais
» il employa tous les autres. Tout le
» monde se récrie sur l'excès de son

---

(1) Aussi M. de Voltaire fut-il seul injuste pour
Rousseau ; mais cette injustice ne venoit point de la
différence des opinions , on sait quel en fut le motif;
avec l'adresse qu'avoit Rousseau , avec le scepticisme
dont il fit profession , il ne pouvoit s'exposer à la haine
qu'en excitant l'envie par son génie , ses talens , & ses
succès.

» inconféquence , qui feroit en effet
» abfolument inconcevable fi elle eût
» été involontaire ; mais peut-on penfer
» qu'un homme né avec tant de raifon,
» d'efprit, de lumieres, & de génie, ait
» continuellement foutenu le pour &
» le contre fans s'en apercevoir ? Dans
» fon fyftême de ménagemens adroits,
» avec cette fureur de fe diftinguer, de
» briller, de plaire à tout le monde,
» Rouffeau pouvoit-il être conféquent ?
» Il fentit bien qu'en voulant exercer
» fon éloquence fur toutes fortes de
» fujets, il feroit néceffairement le plus
» inconféquent de tous les hommes ; il
» s'y décida , certain de paroître du
» moins le plus brillant & le plus *ori-*
» *ginal* (1). Quand Rouffeau prétend
» qu'on ne doit élever les enfans dans

---

(1) *Original.* Quoiqu'il fe foit approprié fans fcru-
pule les idées des autres , particulierement du fage
Locke, qu'il eut l'injuftice de critiquer avec mépris,
de Séneque, de Montaigne, de Richardfon, & de bien
d'autres qu'il ne cite jamais.

» aucune religion, mais simplement *les*
» *mettre en état de choisir celle où le*
» *meilleur usage de la raison doit les*
» *conduire* ; & que, dans le même vo-
» lume, il dit *que c'est une inexcusable*
» *présomption de professer une autre re-*
» *ligion que celle où l'on est né* (1) ;
» lorsqu'il réconnoît expressément l'idée
» du bien & du mal, qu'il ajoute : *Jetez*
» *les yeux sur toutes les nations du*
» *monde......, par-tout vous trouverez*
» *les mêmes idées de justice & d'honnê-*
» *teté, par-tout les mêmes notions du*
» *bien & du mal* ; & que, dans le même
» volume encore, il dit : *Toute la mo-*
» *raltié de nos actions est dans le jugement*
» *que nous en portons nous-mêmes* (2) ;
» lorsqu'il dit : *Tant qu'il reste quelque*
» *bonne croyance parmi les hommes, il*
» *ne faut point troubler les ames paisi-*
» *bles, ni alarmer la foi des simples par*

---

(1) Emile, tome II.
(2) Emile, tome III, pages 92 & 99.

» des difficultés qu'ils ne peuvent réfou-
» dre, & qui les inquietent fans les éclai-
» rer.... Ces dogmes (la loi, l'immorta-
» lité, les récompenfes, les châtimens du
» fiecle futur) font ceux qu'il importe
» d'enfeigner à la jeuneffe & de per-
» fuader à tous les citoyens : quicon-
» que les combat mérite châtiment fans
» doute ; il eft le perturbateur de l'ordre
» & l'ennemi de la fociété (1). Et quand
» il attaque la révélation, qu'il nie le
» péché originel ; la loi naturelle, &c. ;
» lorfqu'enfin il s'explique ainfi : *Com-*
» *ment peut-on être fceptique par prin-*
» *cipes ? & de bonne foi, je ne faurois*
» *le comprendre.* Ces philofophes, ou
» n'exiftent pas, ou font les plus mal-
» heureux des hommes, &c. ; & lorfqu'il
» affure, toujours dans le même ouvra-
» ge, que *fon fcepticifme n'eft nulle-*
» *ment pénible.* Lorfque Rouffeau fe
» permet des contradictions fi frappan-

---

(1) Emile.

» tes, fi groffieres, & qu'on en trouve
» de femblables prefque à chaque page
» de fes ouvrages, peut-on croire qu'il
» n'ait pas remarqué lui - même ces
» étranges inconféquences? Il eft cer-
» tain qu'on ne fauroit être parfaite-
» ment conféquent, que lorfque l'on
» fuit avec fidélité les principes inva-
» riables & facrés que nos grands mo-
» raliftes ont puifés dans l'Evangile.
» Mais l'excès de l'inconféquence de
» Rouffeau, dans un homme qui avoit
» autant d'art, autant de pénétration &
» de lumieres, ne pouvoit être qu'un
» défaut réfléchi, qu'un abandon vo-
» lontaire de la raifon. Il ne cherche
» jamais à pallier fon inconféquence,
» on voit clairement qu'il a pris fon
» parti à cet égard; il a répondu à plu-
» fieurs critiques de fes ouvrages, en
» paffant toujours fous filence les re-
» proches de contradictions, & ne les
» corrigeant ou ne les déguifant dans
» aucune des éditions qu'il a faites de-
» puis ces critiques ».

» Un auteur qui facrifie tout au défir
» d'étonner, de plaire, & de féduire,
» quels que foient fes talens, ne peut
» faire des ouvrages véritablement uti-
» les: auffi ceux de Rouffeau ont-ils
» produit les plus grands défordres ; il
» n'exifte certainement pas de roman
» plus dangereux que celui de *la Nou-*
» *velle Héloïfe*. L'héroïne qu'on veut
» nous y repréfenter comme une per-
» fonne qui joint à de grands prin-
» cipes une raifon fupérieure , une
» ame noble , élevée, les fentimens
» les plus vertueux ; cette héroïne,
» manquant à ce qu'elle doit à fon
» pere, à fa famille, à l'opinion pu-
» blique, fe livre à la plus violente
» paffion pour un aventurier : enfin
» elle fe déshonore, & acheve de
» s'avilir, en ne renonçant à fon amant
» que pour en époufer un autre. *Le*
» *héros* eft un vil féducteur, qui, profi-
» tant de la confiance d'une famille
» refpectable, viole les droits les plus
» facrés

» facrés de l'hofpitalité , trahit tous les
» devoirs de la reconnoiffance , & cor-
» rompt une jeune perfonne innocente
» qu'il ne pouvoit avoir l'efpoir d'é-
» poufer, puifque l'inégalité de naif-
» fance & de fortune mettoit entre eux
» des barrieres infurmontables ; & on
» nous peint ce perfonnage fous les
» traits d'un jeune homme rempli de
» droiture , de délicateffe, & de vertus.
» Enfin *le fage* , l'homme parfait qu'on
» nous y préfente comme un mortel
» accompli , eft un *athée.* Voilà les
» égaremens & les vices que l'auteur
» s'efforce de parer de tous les charmes
» de la vertu : voilà les perfonnages qu'il
» veut rendre intéreffans & fublimes (1).

____

(1) Ce projet de rendre le vice *intéreffant* & *fublime*
eft encore plus marqué & plus révoltant dans les con-
feffions de J. J. Rouffeau ; le héros s'y accufe d'avoir
calomnié, volé, manqué à la reconnoiffance , changé
de religion par des vues d'intérêt, &c. *L'héroïne* eft
la plus vile, la plus abjecte de toutes les femmes , &
on lui prodigue les épithetes de *créature angélique,*
d'ame pure, d'ame *célefte,* &c.

b

» Combien ce livre n'a-t-il pas dû per-
» vertir de jeunes gens de l'état de Saint
» Preux ! Combien n'en eſt-il pas qui
» ont dû perdre, par la ſeule lecture
» de cet ouvrage, l'horreur & le mépris
» qu'inſpirent naturellement l'infamie
» & l'extravagante dépravation d'un
» inſtituteur, ou d'un maître qui cher-
» che à corrompre une écoliere d'un
» rang au deſſus du ſien ! Quels ravages
» ne doivent pas produire des ouvrages
» agréables, brillans, qui renverſent
» ainſi tous les principes reçus, toutes
» les idées morales que le ſeul bon
» ſens & la raiſon inſpirent à tous les
» hommes » !

» Emile, le plus bel ouvrage de
» Rouſſeau, eſt auſſi le plus eſtimable
» aux yeux de la raiſon. L'auteur s'eſt
» approprié beaucoup d'idées qui ne lui
» appartenoient pas ; il répete tout ce
» que Locke a dit de mieux ; il ne pro-
» nonce le nom de cet Ecrivain que pour
» le critiquer d'une maniere auſſi mé-

» prisante qu'injuste ; mais en tradui-
» sant Locke, il l'embellit. Qui pou-
» voit mieux que Rousseau donner des
» charmes à la raison ? D'ailleurs on
» trouve dans Emile une infinité d'idées
» & d'observations véritablement neu-
» ves ; ce livre contient des principes
» dangereux, des erreurs condamna-
» bles, des inconséquences étranges,
» des conseils impraticables ; mais il
» renferme aussi des réflexions si pro-
» fondes, si justes, si raisonnables, des
» remarques si fines, des idées si lumi-
» neuses, qu'il sera toujours nécessaire
» à tous ceux qui voudront élever des
» enfans. Cet ouvrage, malgré ses im-
» perfections & ce qu'il offre de répré-
» hensible, assure à son auteur de justes
» droits à la reconnoissance publique ;
» on lui doit (& on ne doit qu'à lui)
» cette opinion générale aujourd'hui,
» que l'obligation la plus importante,
» la plus douce, & la plus sacrée qu'on
» puisse remplir, est de bien élever ses

» enfans. La maniere pleine de charmes
» dont il parle des enfans, prouve qu'il
» les avoit étudiés & qu'il les aimoit;
» & c'eſt encore un ſentiment qu'il a
» ſu inſpirer par des détails & des ta-
» bleaux auſſi vrais, auſſi ingénieux que
» touchans. Enfin on lui doit une foule
» de préceptes relatifs à l'éducation,
» & par des peintures délicieuſes de la
» vie champêtre, il a contribué à rap-
» procher les gens du monde de la na-
» ture (1). Au reſte, Emile n'a pas été
» auſſi utile qu'il pouvoit l'être relati-
» vement à l'éducation, parce que beau-
» coup de gens ſe ſont égarés, comme

-----

(1) Il y a dans les eſprits une diſpoſition générale
qui fait préférer la *campagne*, ou ce qui la repréſente,
aux plus beaux palais *de la ville*. On ne porte plus de
diamans, on n'aime plus *les bals parés*, on ne donne
plus de fêtes, on préfere la ſimplicité à la magnifi-
cence, on eſt moins loin de la nature, & chacun ſent
le beſoin, ou veut montrer le déſir de s'en rapprocher.
Nous devons à Rouſſeau, & ſur-tout à M. de Buffon,
cette révolution, qui ne peut être que très-favorable aux
mœurs.

» fon auteur, en adoptant tous fes
» principes, & que d'autres, faute de
» le comprendre, ont fait tout le
» contraire de ce qu'il confeille. Par
» exemple, j'ai vu des enfans entiere-
» ment livrés à eux-mêmes, n'apprenant
» rien, ne fachant pas lire à douze ans,
» n'ayant d'idée de rien, & montrant
» d'ailleurs une groffiereté ruftique, une
» indocilité & une ineptie qui me cau-
» foient un véritable étonnement, & ce
» qui ne m'en caufoit pas moins, étoit
» d'entendre dire qu'on les élevoit d'a-
» *près les principes de Rouffeau.* Il eft
» vrai que Rouffeau a dit qu'il étoit
» ridicule d'apprendre aux enfans le
» latin & la géométrie, & je crois qu'en
» général il a eu raifon ; il ajoute qu'il
» ne faut point leur donner de maîtres ;
» il profcrit toute efpece de leçons &
» d'occupations réglées ; je fuis très-
» éloignée d'adopter cette idée : mais
» fi Rouffeau accorde à fon éleve au-
» tant d'indépendance, il ne prétend

» pas pour cela que l'inſtituteur ſoit
» oiſif, & laiſſe l'enfant à lui-même ;
» au contraire, il veut que l'inſtituteur
» l'inſtruiſe dans tous les momens & par
» l'exemple & par la converſation, & ſur-
» tout qu'il ne le perde jamais un ſeul
» inſtant de vue. Voilà ce qu'en général
» on n'a pas compris, parce qu'il étoit
» plus commode de ſimplifier ce ſyſtême
» & de le réduire à ceci : *Ne point*
» *payer de maîtres, ne point enſeigner*
» *de catéchiſme, ne point contrarier les*
» *enfans, ne point s'occuper d'eux, voilà*
» *tous les principes de J. J. Rouſſeau,*
» *& la meilleure éducation qu'on puiſſe*
» *donner.* Il a réſulté de cet *extrait*
» *d'Emile,* des éducations qui ne doi-
» vent pas encourager à ſuivre cette
» méthode, mais qu'on auroit grand
» tort d'attribuer entièrement aux prin-
» cipes de Rouſſeau ».

Voilà une critique, & je la donne pour
telle ; mais je demande ſi elle eſt faite
avec le ton & l'expreſſion du mépris ?

je demande même si elle ne renferme pas tous les éloges qui sont dus à ce grand & sublime Ecrivain ? Comment M. de la Harpe a-t-il donc pu dire que je parle de J. J. Rousseau avec mépris ? J'aurois pu réfuter cette calomnie & les autres infidélités de son Extrait d'une maniere plus vive & plus piquante ; mais du moins cette critique n'est pas anonyme, comme toutes celles qu'on a faites jusqu'ici contre moi. M. de la Harpe m'attaque avec injustice, mais sans lâcheté, & je lui réponds sans ressentiment & sans aigreur ; je lui dirai seulement que pour l'intérêt de sa propre réputation, il ne faut pas manquer de droiture & de bonne foi, se permettre des personnalités, des citations infideles, & des imputations évidemment calomnieuses ; qu'il est maladroit de montrer une animosité qui perce à chaque ligne, & d'attaquer sans ménagement & sans égard, la personne même que dans un autre temps on a louée avec excès. Je terminerai cette

[xxiv]

réponse par une réflexion fort judicieuse
d'un Académicien célebre. . . . . « Je re-
» marque (dit Duclos) qu'on ne déprise
» avec affectation que par le chagrin de ne
» pouvoir méprisor, & qu'on estime for-
» cément ceux contre qui on déclame.
» C'est le langage de la haîne & de l'estime
» voilées par l'orgueil; car la haîne prouve
» souvent plus de motifs d'estime que
» l'aveu même d'une estime sincere ».
Considérations sur les mœurs, chap. 14.

DISCOURS

Sur la suppreſſion des Couvens de Religieuſes, & ſur l'Education publique des Femmes.

JE n'ai pu voir ſans regret la ſuppreſſion abſolue des Couvens de Religieuſes ; je ne ſuis point ſuſpecte à cet égard, j'ai moi-même élevé mes filles ; & l'hiſtoire de *Cécile* (dans Adele & Théodore), ainſi que la petite comédie des *Religieuſes* (dans le Théâtre d'éducation), peuvent prouver à quel point j'ai toujours été vivement frappée des véritables abus de ces inſtitutions ; mais l'obſervation & l'expérience m'ont fait connoître que les gens du monde ont des idées très-fauſſes ſur les Couvens de femmes. Ils regardent toutes les Religieuſes comme des *victimes conſu-*

A

mées de regrets, ou livrées au défef-
poir , & ils penfent que les Cloîtres
font continuéllement agités par les
paffions & par l'intrigue. Il eft vrai
qu'en général les Monafteres gouvernés par des Abbeffes ont pu fouvent
faire naître ou confirmer ces opinions.
Une Abbeffe eft une efpece de Reine :
& qu'eft-ce qu'une Souveraine abfolue,
qui, après avoir fait, à la face des
autels, les vœux d'obéiffance, d'hu-
milité, de pauvreté, vit avec fafte
dans une repréfentation continuelle,
en gouvernant defpotiquement fes
fœurs & fes égales ? . . . La Bruyere **a**
dit : *Celle qui délibere fur le choix*
d'une Abbaye ou d'un fimple Monaf-
tere, pour s'y renfermer, agité l'an-
cienne queftion de l'état populaire &
du defpotique. Suivant cette définition, on doit trouver la vertu dans les
fimples Monafteres, & l'on ne peut
guere efpérer de la rencontrer pure
& fans mélange dans les Abbayes. **En**

effet, à l'exception des mœurs que la religion y conserve irréprochables, les Abbayes offrent tous les vices qu'on remarque dans les Cours (1), l'ambition, la flatterie, la vanité, la jalousie, l'envie, &c. C'est l'Abbesse qui dispense les dignités & les graces ; il est important de lui plaire ; on étudie son caractere, ses foiblesses, & la souplesse & l'intrigue obtiennent toutes les préférences. Lorsqu'on ne peut s'élever qu'en gagnant l'estime de la multitude, ou d'un grand nombre de personnes, on a besoin d'une excellente réputation, & l'on est forcé, par l'ambition même, de recourir à la vertu, qui seule peut la procurer. Mais lorsqu'il ne s'agit, pour réussir, que de gagner une seule personne, on ne songe point à *mériter*, on ne s'occupe communément que des moyens de *séduire*.

---

(1) Je ne parle qu'en général ; il seroit sans doute injuste de ne point admettre d'exceptions à cet égard.

Beaucoup de réflexions peuvent naître de celle-ci .... C'eft donc, je le répete, dans les fimples Couvens gouvernés par des Prieures triennales, élues à la pluralité des voix & foumifes à des regles aufteres, que la vertu la plus parfaite doit fe trouver, & c'eft là qu'elle exifte en effet. Les femmes feules peuvent connoître ces efpeces de Monafteres ; les hommes qui font reçus dans les Abbayes (1) ne pénetrent jamais dans ceux-ci ; & s'ils avoient à cet égard plus de lumieres & des idées plus juftes, je fuis perfuadée qu'on fe feroit borné à fupprimer les Abbayes, & à défendre que les vœux fuffent prononcés dans la jeuneffe, ce

----

(1) Les Abbeffes paffent une partie de leurs journées à recevoir des vifites. Je les ai vues en province donner à dîner à des hommes dans l'intérieur de leur appartement, & en outre fortir affez fréquemment, accompagnées des *Religieufes favorites*, tandis que les autres font forcées d'obferver la regle & de refter dans leurs cellules.

qui n'eût été que le rétablissement d'une loi très-sage , imposée jadis par un grand homme & un Saint, le Pape Saint-Léon, qui prescrivit aux Religieuses de ne faire leurs vœux qu'à l'âge de quarante ans.

J'ai passé une partie de ma premiere jeunesse dans des Couvens, & je suis depuis onze ans dans un Monastere conduit par une Prieure triennale (1), & je puis dire avec vérité que je n'y ai rien vu pendant ce long espace de temps qui n'ait dû me pénétrer du plus profond respect & de la plus tendre vénération. Les meilleurs esprits de ce siecle , gâtés par *une fausse délicatesse & par une fausse philosophie*, en croyant s'élever au dessus de tous les préjugés , se livrent à une infinité de préventions injustes & puériles ; ils jugent superficiellement , parce qu'ils jugent d'après des systêmes, & non d'après

____

(1) Le couvent de Belle-Chasse.

une obfervation réfléchie. Tout ce qui
ne s'accorde pas parfaitement avec leur
goût & leurs opinions , eft condamné
par eux fans reftriction comme fans
examen. Ils parlent fouvent de la vertu, mais ils ne peuvent l'admirer que
fous de certaines formes ; il faut, pour
les frapper , qu'elle ait une certaine
élégance de convention, une écorce
légere , fans laquelle la perfection
même feroit aujourd'hui méconnue &
dédaignée. Les chofes les plus frivoles
font à cet égard varier l'opinion ; une
différence d'habit ou de nom peut feule
produire cet effet. Les mots de *vef-
tales* , de *pritanides* , offrent à l'imagination les douces idées de pureté, d'in-
nocence , de vertu : le mot *Religieufe*
ne produit aucune de ces impreffions.
On admire dans des livres les auftérités
& les épreuves extraordinaires auxquelles fe foumettoient les difciples
de Pythagore , & les auftérités & les
épreuves foutenues par les Religieux

de la Trappe n'infpirent qu'une pitié méprifante. L'hofpitalité, l'humanité fublime de ces même Religieux n'eft célebrée que par les infortunés qui l'éprouvent, & l'on vante avec éloquence l'hofpitalité des anciens , & celle des Turcs & des Arabes (1). On

(1) Ces Religieux font au nombre de cent vingt; ils n'ont que 30,000 livres de rente, & avec ce revenu ils achetent tous les ans pour plus de mille écus de blé qu'ils. diftribuent aux pauvres de la campagne. En outre ils entretiennent des familles entieres dans les villages voifins, & ils reçoivent plus de quatre mille hôtes par an , qu'ils nourriffent fur le refte de leur revenu. Si, parmi ces voyageurs, il y en a de malades, on les garde & on les foigne tout le temps de leur maladie, & fouvent on donne de l'argent à ceux qui n'en ont pas affez pour continuer leur route. Comment, avec un tel revenu, une maifon de cent vingt perfonnes peut-elle faire ces immenfes charités ? C'eft que ces cent vingt perfonnes cultivent eux-mêmes leur terre, leur bois & leur jardin, ne mangent que des légumes à l'eau, ne boivent point de vin, n'ont pour chauffure ordinaire que des fabots, pour vêtemens que des robes de laine qui durent quatre ans , pour meuble qu'une paillaffe, &c. La regle de la Trappe (ainfi que celle de Sept-Fonds) ne prefcrit que les privations économiques qui peuvent affurer la poffibilité de don-

a fait de pompeux éloges de la *bienfai-
sance*, & cette même vertu perd tout
son éclat, lorsqu'elle se montre sous
le nom de *charité chrétienne*. On trouve

---

ner davantage aux pauvres. Le fondateur a formelle-
ment défendu toutes les autres mortifications, telles
que les cilices, les chemises de crin, &c. On a dit &
même écrit que ces respectables Religieux couchoient
dans leur biere ; qu'ils étoient obligés de creuser leurs
tombes, & beaucoup de choses de ce genre qui ne sont
que des fables destituées de tout fondement. Ils ne font
que des travaux utiles ; ils ne renoncent à toutes les
jouissances de la vie, que pour soulager l'humanité
souffrante. Ils n'ont point fait vœu de clôture, afin de
travailler dans les champs, dans les bois, & d'aller
eux-mêmes chercher, soulager les infortunés, porter
des secours à l'indigent, & soigner les malades. Leurs
mains laborieuses & bienfaisantes sont également exer-
cées à labourer la terre & à panser les plaies du
pauvre. J'ai passé deux jours à la Trappe avec mes
Eleves ; & comme on ne pouvoit me séparer de ma-
demoiselle d'Orléans, qui avoit le droit d'entrer dans
l'intérieur de la maison, on a daigné m'y admettre. J'ai
vu tout ce que je décris, & je regrette vivement que
l'Assemblée nationale, en détruisant les Couvens, n'ait pas
fait une exception en faveur de la Trappe & de Sept-
Fonds, & n'ait pas conservé ces deux monasteres, comme les monumens qui honorent le plus la religion &
l'humanité.

encore de l'intérêt & de la grandeur dans les fentimens religieux ; l'athée même avoue qu'il eft touché, lorfqu'il voit la piété invoquant l'Etre *fuprême* ; mais il la tourne en ridicule , lorf- qu'elle implore *Jefus-Chrift !* .... Ce n'eft pas feulement l'impiété qui pro- duit ces inconféquences & ces puéri- lités, c'eft fur-tout, je le répete, cette fauffe délicateffe qui attache un ridi- cule imaginaire à un certain nombre de mots & d'expreffions, & qui fait penfer que des fynonymes ufés & ré- pétés continuellement depuis cinquante ans par les bons & les mauvais Ecri- vains, ont beaucoup plus d'élégance que les noms primitifs qu'ils repréfen- tent, quoique ces noms primitifs n'aient par eux-mêmes rien d'ignoble & de bas (1). Quelle étrange frivolité ! ....

____

(1) Cette prétention à l'*élégance* fe trouve aujour- d'hui dans tous les écrits, de quelque genre qu'ils foient. J'ai lu, il y a deux ans, un teftament qui commençoit par une *invocation à l'Etre fuprême*, &

Montesquieu demande pourquoi nous
ne regardons pas les Negres comme
nos semblables, & il répond que la
raison en est bien simple : *Eh quoi !*

---

qui finissoit par une *hymne à l'amitié.* Le Testateur,
dans le cours de l'Ouvrage, avoit eu le soin de subs-
tituer toujours au mot *église,* celui de *temple,* & de
rendre les mots *enterrement, curés, cierges,* &c., par
des périphrases extrêmement poëtiques. Le Journal de
Paris, rendant compte de la cérémonie funebre du
champ de Mars, dit : *A l'entour de l'autel étoient
placés des levites vêtus de lin, & les ministres de
l'Eternel,* &c. Ici l'élégance & *le goût antique* nui-
sent un peu à la vérité ; on croiroit qu'il s'agit d'une
cérémonie des anciens Juifs : mais la beauté de ce pas-
sage consiste dans la transformation des enfans de chœur
en *lévites,* & des surplis de toile de chanvre en *véte-
mens de lin.* Ceci rappelle une des Savantes de Mo-
liere, disant au notaire qui va dresser un contrat de
mariage :

> Veuillez au lieu d'écus, de livres & de francs,
> Nous exprimer la dot en mines & talens,
> Et dater par les mots d'ides & de calendes.

Il me semble que le bon goût doit faire éviter toute
espece d'affectation ; qu'il consiste sur-tout dans le dis-
cernement & l'observation des convenances, & qu'un
Journal, ou un acte religieux ou public, ne doivent
pas être écrits comme un poëme.

ils ont *la peau noire , le nez écrafé ,
& ils ne portent point de haut - de-
chauffes !* Je demande pourquoi les
hommes qui n'ont jamais pénétré dans
les Couvens aufteres , méprifent les
Religieufes ? *Eh quoi, on les appelle
des béguines, & elles portent des guim-
pes !* .... Je fuis très-perfuadée que
fi les Religieufes avoient adopté un
coftume plus élégant & plus noble ,
elles auroient infiniment plus de con-
fidération. Une guimpe de toile , une
ceinture de corde , un habit de laine
noire , ne peuvent infpirer les idées
que feroient naître des couronnes de
fleurs, des tuniques ornées de franges,
& des manteaux de pourpre. Les Ecrivains répetent à l'envi les uns des autres, & fur-tout depuis quelques mois,
que toutes les Religieufes font *des
imbécilles.* Qu'en favent ils ? puifqu'ils
n'ont jamais eu avec elles la moindre
communication? ... Ce jugement n'eft
donc qu'une fuppofition, fondée appa-

remment fur le genre de vie qu'elles
ont choifi ; mais il me femble que les
véritables caufes qui peuvent corrompre le goût & gâter l'efprit, fe trou-
veroient plutôt dans la diffipation continuelle qui prive de toute réflexion,
& dans les vices qui dégradent l'ame,
tandis qu'au contraire la folitude & le
filence ; l'exercice conftant & l'habitude de toutes les vertus ; le mépris
du fafte & des grandeurs humaines ;
l'amour de la retraite, de la méditation, de la frugalité, de la paix, &
d'une fainte égalité, doivent naturellement élever l'ame & perfectionner
la raifon. On fe récrie beaucoup fur
la profonde ignorance des Religieufes,
cependant il n'y a point de Couvent
où il n'y ait une bibliotheque. Les
gens du monde, qui n'ont jamais étu-
dié l'Ecriture fainte, favent du moins
combien le ftyle & les penfées en font
fublimes. Les Religieufes lifent d'ailleurs continuellement les Ouvrages

immortels de Boffuet, de Fénelon, de Pafcal, de Nicole, de Bourdaloue, de Maffillon, &c.; & je crois qu'une perfonne qui, dans la retraite & dans la méditation, nourrit fans ceffe fon efprit par de telles lectures, a bien autant d'idées morales & d'inftruction que la plupart des gens du monde, qui n'ont lu que des romans licencieux, des feuilles éphémeres, & des éloges académiques. Mais, dira-t-on, pourquoi l'éducation des Couvens a-t-elle toujours été fi mauvaife?... 1°. Parce que les gens riches choififfoient de préférence les Abbayes; & 2°. parce qu'en général les fimples Monafteres, où l'éducation feroit infiniment meilleure que dans les *Abbayes*, n'ont point de claffes. Les penfionnaires y font dans des chambres particulieres & fous la conduite des Gouvernantes qu'on leur donne, & les Religieufes ne fe mêlent en aucune forte de leur éducation. Cette efpece d'éducation, que j'ai eu l'occa-

fion d'étudier particulierement, eft fans
contredit la pire de toutes. Les parens
les moins tendres donnent pour Gouverneur à leurs fils, des hommes qui
ont fait des études & qui ont de l'inftruction : mais qui donne - t - on pour
Gouvernante à fa fille ? Une Femme de
chambre , c'eft-à-dire, une perfonne
qui non feulement n'a pas la moindre
notion de littérature, d'hiftoire, &c.,
mais qui ne fait ni fa langue ni l'orto-
graphe. Comment veut-on qu'une jeune
perfonne, livrée dans un Couvent à
l'autorité d'un tel Mentor, puiffe acquérir des connoiffances folides & des
idées juftes ? Que diroit-on d'un homme riche & raifonnable qui feroit de
fon Laquais l'Inftituteur de fon fils ?
C'eft cependant la conduite de toutes
les meres qui envoient leurs filles dans
les Couvens qui n'ont pas de claffes.
Une Femme de chambre fert depuis
quinze ans ; elle commence à vieillir;
elle n'eft plus lefte; elle a de la peine

à se tenir debout tout le temps d'une toilette ; son service est moins prompt, moins agréable : qu'en fera-t-on ? Une Gouvernante. Il est étrange qu'on n'ait jamais été frappé de cette horrible dis-proportion qui se trouve depuis si long-temps entre l'éducation des hommes & des femmes. Quelle en est la cause ? Je rougis de le dire, c'est qu'on veut bien assurer un sort honnête au Gouverneur de son fils, & qu'on ne veut donner que cinq ou six cents francs à la Gou-vernante de ses filles. Il a résulté de cette coutume barbare que le titre de *Gouvernante d'enfans* est avili (du moins parmi nous, car il est très - ho-norable chez les étrangers); mais qu'on rende l'état d'une Gouvernante sem-blable à celui d'un Instituteur, & les personnes dignes d'occuper une telle place ne rougiront plus de l'accep-ter (1). Une mere tendre, qui ne peut

----

(1) N'est-il pas odieux & ridicule que dans la même

elle-même élever sa fille, doit regar-
der comme l'amie la plus chere, celle
qui la remplace à cet égard, puisqu'elle
lui confie le plus grand, le plus tou-
chant de tous les intérêts, & que le
bonheur de sa vie dépendra du succès
de l'éducation. Combien il doit être
doux & nécessaire d'entretenir, de
questionner sans cesse celle qu'on a
chargée d'un tel dépôt ! celle dont les
soins, les travaux, & les veilles sont
uniquement consacrés à l'objet de nos
plus tendres sentimens & de nos plus
cheres espérances !... Mais comment
pourroit-on vivre dans cette intimité
avec une personne bornée, sans éducation, sans connoissance du monde,
& qui est également incapable d'obser-
ver & de réfléchir ?.... Telles sont

---

famille *la Gouvernante des filles* ne soit pas traitée
comme *le Gouverneur des fils* ? L'un vit comme l'égal
& l'ami des parens; l'autre n'a pour société que des
domestiques : l'un est à la table des maîtres de la
maison; l'autre ne mange qu'à l'office, &c.

cependant

Cependant les *institutrices* auxquelles on confie les jeunes personnes élevées dans les Couvens !.... Il n'est pas étonnant que celles qui ont reçu une semblable éducation, apportent dans le monde beaucoup d'ignorance , de préjugés, & d'idées fausses ; mais ce n'est pas la faute des Religieuses, puisqu'elles n'ont , comme on l'a dit , aucune rela-tion avec les pensionnaires qui font fous l'autorité des gouvernantes particu-lieres. Quant aux Couvens qui ont des classes, ils font en petit nombre (en n'y comprenant point les Abbayes) ; & j'ose assurer que dans ceux-là l'éduca-tion est en général beaucoup meilleure que celle qu'on reçoit communément chez des parens qui ne font pas leur principale affaire du devoir facré d'é-lever leurs enfans. Les personnes qui connoissent le plan d'éducation fuivi aux Filles Sainte - Marie & aux Ursu-lines , & l'intérieur de ces respectables maisons, ne me démentiront certainement pas. Cependant je fuis loin de prétendre que cette éducation foit auffi bonne qu'elle pourroit l'être ; mais celle des colléges eft-elle excellente dans fon genre ? Et quelle eft l'éducation publique que l'on pourroit propofer comme modele ? Celle qu'on reçoit à l'Univerfité d'Oxford, & qui a tant de réputation, eft très-défectueufe fous beaucoup de rapports : on y fuit aveuglément une vieille routine, établie fur un plan qui pouvoit être bon dans des fiecles moins éclairés, mais qui ne fauroit l'être aujourd'hui, par cette raifon même qu'un refpect fuperftitieux la conferve depuis fon origine, fans ofer y faire de changement. L'on imagine naturellement, par exemple, qu'on s'applique, fur-tout à Oxford, à former de bons Orateurs, dans une Nation où la facilité de bien parler de tête eft un talent qui conduit à la fortune, & donne tant de gloire ; & cependant on n'exerce point les écoliers à compofer, à parler en public, ou du moins on ne leur fait faire que ces fortes d'amplifications qu'on fait dans tous les colléges du monde ; & encore cette efpece d'exercice eft-il extrêmement rare & peu ufité à Oxford. Nos ancêtres avoient la coutume d'infliger à leurs enfans des châtimens corporels, & cet ufage fubfifte à Oxford dans toute fa rigueur ; on y fouette impitoyablement les enfans, & jufqu'à feize ans. Il eft vrai que fi cette punition gothique eft vicieufe , il faut convenir auffi qu'on en tire à cette Univerfité un parti très-ingénieux. Ce n'eft point à Oxford une ignominie, au contraire ; on ne corrige ainfi que ceux qui annoncent des talens, & dont on attend beaucoup ; cette correction eft pour eux ce qu'étoit l'oftracifme chez les grecs , & elle produit de l'honneur, de la réputation, & de la gloire, quand on s'y foumet de bonne grace, & qu'on la fupporte avec courage. L'avantage réel de cette Univerfité fur nos colléges, c'eft qu'on y refte jufqu'à vingt-deux ans, &

B 2

c'eft le feul moyen d'apprendre avec un grand fruit deux chofes importantes fans doute, quand on les fait bien, le grec & le latin. J'offrirai ici une réflexion qui me paroît digne de quelque attention. Il eft inconteftable que l'étude approfondie des Auteurs anciens eft très-utile, parce qu'on y peut puifer une grande connoiffance du cœur humain ; ces Auteurs étoient en général & de grands Ecrivains & de grands Hommes d'Etat. Les Ouvrages de Démofthenes, de Cicéron, de Marc-Aurele, &c., ne font pas le fruit de vaines fpéculations ; mais ils font les réfultats inftructifs des méditations du génie, fondées fur des faits & fur une longue expérience des hommes & des affaires. Dans une éducation prolongée au moins jufqu'à vingt ans, cette étude peut être d'une extrême importance ; mais quand on quitte fes Inftituteurs, comme parmi nous, à feize ou dix-fept ans, cette même étude eft communément à-peu-près inutile. Tant qu'on ne poffede point parfaitement une langue, on lit fans intérêt ; l'application fe porte fur les *mots*, non fur les *chofes*. L'on ne fent point les beautés d'un Ouvrage que l'on traduit avec fatigue. Cette lecture laborieufe ne laiffe rien dans la mémoire, parce qu'elle n'a été qu'un travail purement mécanique. Enfin la perfonne même qui fait le mieux une langue qui n'eft pas la fienne, ne pourra jamais, qu'à une feconde lecture, fentir tout le mérite d'un Ouvrage écrit dans cette langue. Il me paroît donc que fi l'étude des langues favantes n'eft pas approfondie, elle n'eft pas feulement fuperflue, elle eft effentiellement nuifible, en ce qu'elle n'aura laiffé que des mots dans la tête, & le dégoût des Ouvrages qui mériteroient le mieux d'être lus & médités. Il auroit mieux valu fe borner à lire de bonnes traductions, & à diriger fes études fur d'autres objets (1). Pour revenir aux Couvens de Religieufes, relativement à l'éducation des femmes, j'en regrette fur-tout la clôture. Une jeune perfonne, remife en des mains étrangeres, ne peut être, avec une exacte bienféance, que dans un afile où nul homme ne fauroit pénétrer. Il faut que non feulement elle foit irréprochable, mais qu'elle foit à l'abri de toute calomnie. Une mere forcée de fe féparer de fa fille, la place avec fécurité dans un Couvent, & ne la

---

(1) Malgré ces réflexions, & quoique je fuffe que mes Eleves entreroient dans le monde à 17 ans, ils ont appris le grec & le latin. J'étois bien tentée de me borner à leur faire apprendre des Langues vivantes : L'allemand, l'anglois, & l'italien qu'ils favent parfaitement ; mais j'ai facrifié mon opinion particuliere à l'opinion générale. J'efpere que je ne m'en repentirai point, parce qu'ils favent du moins que leur éducation ne fera pas finie quand ils me quitteront, & que je leur vois le plus grand défir & une ferme réfolution de continuer leurs études, & d'achever eux-mêmes leur propre éducation, que je n'aurai pu perfectionner.

[23]

dépose qu'avec inquiétude dans une
maison, quelque décente qu'elle puisse
être, où les hommes peuvent entrer.
L'Angleterre est la preuve de cette
vérité. Il y a beaucoup d'écoles où l'on
élève des jeunes filles, mais toutes ces
écoles sont subalternes ; les gens riches
n'y mettent point leurs filles, & aiment
mieux les envoyer en France dans des
Couvens. Puisque les nôtres vont s'é-
teindre, j'imagine un moyen très-sim-
ple de les remplacer de la seule maniere qui puisse être véritablement
utile ; c'est de former des *écoles cloîtrées*. Les Maîtresses de classe & les
Institutrices auroient une entiere liberté
de sortir à toute heure ; mais elles ne
pourroient jamais, sous aucun pré-
texte, faire entrer des hommes dans
l'intérieur de la maison, ou bien em-
mener avec elles les pensionnaires hors
de l'enceinte de l'école, à moins d'une
permission expresse & particuliere des
parens. Enfin les visites & les leçons

des Maîtres se recevroient dans des
parloirs grillés, & l'on suivroit à cet
égard tous les usages qui s'observent
dans les Couvens. Au lieu de détruire
les Monasteres qui vont se trouver
vacans, on y formeroit ces premieres
écoles cloîtrées, dirigées par des personnes libres; & j'ose assurer que nulle
autre espece d'école pour les jeunes
filles n'obtiendra la confiance univer-
selle. Il seroit à désirer que la Nation
établît promptement une ou deux écoles
de ce genre qui pussent servir de modeles aux autres. On trouveroit à Paris
d'excellentes Institutrices, en les cher-
chant dans les écoles ou pensions particulieres. Ces choix faits, on donneroit à ces Maîtresses *un plan d'éduca-*
tion qu'elles s'engageroient à suivre
avec la plus scrupuleuse exactitude, &
l'on feroit imprimer ce plan d'éducation. A l'égard de ce plan, il est fait
en grande partie, & par la plus célebre de toutes les Institutrices (l'au-

guſte fondatrice de Saint-Cyr). Je ſais qu'en général on a beaucoup de pré-vention contre l'éducation de Saint-Cyr. J'ai été dans ce Monaſtere ; j'ai vu toutes les claſſes, & ſuivi tous les exercices avec le plus grand intérêt, & je crois qu'il n'exiſte dans aucun pays une inſtitution de ce genre mieux com-binée & plus parfaite.

La meilleure éducation eſt ſans doute celle qui peut le mieux déve-lopper & perfectionner les qualités & les talens qui, dans l'uſage de la vie, doivent être le plus néceſſaires à l'E-leve ; ainſi le plan d'éducation doit va-rier ſuivant le ſexe & l'état. Il ſeroit abſurde d'élever le fils d'un Roi com-me un particulier, & de donner à une femme l'éducation qui pourroit con-venir à un homme. Il faut donc d'abord conſidérer, 1°. quel rang l'Eleve aura néceſſairement dans la Société ; 2°. quel rang des événemens incertains, mais poſſibles, pourroient lui donner ;

& 3°. quelles sont les vertus & les talens qu'on doit le plus lui désirer pour son bonheur & l'avantage de la Société. Une femme a besoin d'appui ; elle ne peut être estimée que par des vertus paisibles & domestiques, & une réputation sans tache : par conséquent la douceur, la modestie, la prudence sont les qualités qui doivent la caractériser. Elle ne sauroit jouer un rôle éclatant dans les affaires publiques, qu'en se livrant à l'intrigue ; il faut donc s'attacher à détruire en elle toute ambition personnelle ; mais il est à désirer qu'elle soit susceptible d'une noble ambition pour son mari, pour ses enfans. Ainsi, l'on doit cultiver en elle cette sensibilité vive & délicate qui anéantit l'égoïsme, & qui ne fait trouver les jouissances de l'orgueil que dans les succès de ce qu'on aime. Elle doit vraisemblablement devenir épouse & mere ; il est indispensable de lui donner l'instruction & les lumieres qui pourront un jour la mettre en état de bien élever ſes filles, & de conduire, avec une ſage économie, l'intérieur d'une maiſon, ſoit à la ville, ſoit à la campagne. Enfin elle peut devenir veuve, & ſe trouver chargée de la tutelle & de l'éducation de ſes fils. Dans ce cas, une femme inepte ou ſpirituelle, inſtruite ou non, quitte le rang modeſte où la nature & les lois l'avoient placée, pour s'élever au rang des hommes; elle hérite des droits de ſon mari, & remplacer un citoyen, c'eſt devenir citoyen ſoi-même. Il eſt donc bien important que les femmes connoiſſent les lois & la conſtitution de leur pays, & que leur éducation les rende capables de préſider à celles de leurs fils. L'éducation de Saint-Cyr n'embraſſe pas ce plan dans toute ſon étendue; mais elle le ſuit en grande partie : on acquiert à Saint-Cyr une connoiſſance approfondie de la religion (1). A l'égard de

____

(1) Etude qui doit être approfondie en effet, puiſ-

l'Histoire profane, de la Géographie, & de la Mythologie, on n'en apprend que les élémens. On s'y instruit avec le plus grand détail de toutes les choses

---

qu'elle comprend la Morale. Je hasarderai une réflexion à ce sujet, que je soumettrai a ceux mêmes qui n'ont pas de religion. On conviendra que si toutes les leçons, tous les préceptes de Morale propres à tous les états & à toutes les situations de la vie, se trouvoient dans les Livres saints, il seroit infiniment plus utile à l'enfance & à la jeunesse de les puiser dans cette source, que de les trouver dans les auteurs profanes. La religion donneroit plus de poids aux préceptes; & lorsqu'on verroit par la suite ces préceptes admirés de tous les hommes, on conserveroit pour la religion qui les enseigne, un respect que rien ne pourroit affoiblir. J. J. Rousseau a dit que l'Evangile rendoit *absolument inutiles* tous les Livres de Morale. J'ajouterai qu'indépendamment de ce Livre divin, l'Ecriture Sainte en offre encore trois autres (la Sagesse, les Proverbes, & l'Ecclésiastique), qui renferment tout ce que la véritable philosophie a jamais dit de plus utile aux hommes, & beaucoup de maximes & de leçons sublimes, que les plus grands Moralistes (Fénelon, Pascal, Massillon) n'ont enseigné qu'en les tirant de ces Livres sacrés. Ceux qui douteront de cette vérité, n'auront jamais lu ces Ouvrages, qui ne renferment cependant que trois petits volumes : qu'ils les lisent sans prévention, & s'ils sont peres, je suis sûre que ces trois Ouvrages passeront bientôt de leurs mains dans celles de leurs enfans.

relatives à l'adminiftration intérieure d'une maifon. Les penfionnaires dif- tinguées par leur intelligence & leur application, font chargées tour à tour de la direction de la lingerie, des cui- fines, des baffe-cours, de la pharma- cie, &c. En ordonnant, elles agiffent fous les yeux des Inftitutrices qui leur apprennent à commander, & dont l'ex- périence les dirige. Ce font les feules Religieufes de Saint-Cyr qui font & préparent toutes les drogues de leur pharmacie, qui eft la plus confidérable & la plus complette que j'aie vu dans aucune Maifon religieufe. Les penfion- naires apprennent d'elles cet art qui demande quelques notions de chimie, & qui peut être d'une très-grande uti- lité, fur-tout à de jeunes perfonnes qui doivent devenir meres de famille. On n'a point la dangereufe prétention de les inftruire relativement à l'ufage & à l'emploi des médicamens, parce que les demi-connoiffances en ce genre

font pernicieufes. On fe contente de
leur enfeigner parfaitement la compo-
fition & la préparation des drogues, à
les bien connoître à la vue, à l'odorat,
& à diftinguer celles qui font fraîches,
de celles que le temps a gâtées ou rendues moins bonnes (1). Ces jeunes per-

---

(1) Beaucoup de drogues (la rhubarbe), par exemple,
perdent leur vertu en vieilliffant, ce qui fe connoît à la
couleur; d'autres deviennent, avec le temps, de *véritables*
poifons, telles que le *caftoréum*, &c. Il y a plufieurs
drogues qui fe reffemblent & de noms & d'afpects, &
qui ont des propriétés abfolument contraires. *La crême de*
tartre eft un doux purgatif. Le fel de tartre, à la même
dofe, eft un poifon violent. Ces deux fubftances font en
poudre blanche, & fe reffemblent parfaitement. Il eft donc
bon de favoir que le fel de tartre fe diffout totalement
dans l'eau, & fe vend toujours dans des fioles de verre,
parce qu'il mouille le papier, tandis que la crême de
tartre fe conferve dans le papier, & dépofe dans l'eau.
Mais fi l'on ignore ces chofes, & que par erreur on re-
çoive du fel de tartre dans une fiole, comme il a toute
l'apparence de la crême de tartre, on pourroit facilement
devenir la victime de cette erreur. Il y a quelques années
que l'on fut au moment de m'empoifonner par cette même
méprife. On pourroit citer mille exemples de ce genre.
Il faut obferver que pour une infinité de petits maux on

fonnes font accoutumées dès leur enfance à ne dédaigner aucune efpece
de foin domeftique ; elles mettent tout
leur amour - propre à fe rendre utiles
dans l'intérieur de la maifon. On for-
tifie en elles, autant qu'il eft poffible,
cette forte d'ambition, la feule louable
dans leur fexe, & qui puiffe un jour
affurer leur bonheur. Il eft certain
qu'une femme ne peut être parfaitement
heureufe dans fon intérieur, que lorfqu'elle eft en état d'élever elle-même
fes filles & de conduire fa maifon.

---

envoie fans ceffe chercher des drogues fans ordonnance
de Médecin : dans ce cas , une commiffion mal faite , ou
un nom mal écrit , peuvent occafionner des quiproquos
funeftes. Il n'arrive même que trop fouvent que les apothicaires eux-mêmes faffent des méprifes dangereufes ,
d'après les ordonnances écrites de la main des Médecins ;
mais aucune de ces méprifes n'auroit lieu , fi la maîtreffe de
la maifon , fi la mere de famille avoit une parfaite connoiffance des drogues & des fimples defféchés , employés
en médecine. Elle examineroit toutes les drogues qui entreroient chez elle ; & devant être pour fon mari & pour
fes enfans la garde-malade la plus affidue , elle en feroit
encore la plus utile.

Les charmes extérieurs & des talens
agréables réunis , même à la vertu ,
ne lui procureront que des succès frivoles & une estime stérile. Ce n'est
qu'en se rendant utile à son mari , à
ses enfans, en se chargeant seule des
affaires & des soins domestiques, qu'elle
peut obtenir une véritable considération.
Son devoir est de gouverner sa maison,
sa gloire est d'y commander. Elle y
est sans dignité , elle y est àcharge ,
quand elle n'y regne pas. Les Angloises
en général sont parfaitement instruites
de cette vérité , & elles éprouvent
que les femmes ne peuvent conserver
& étendre leurs droits, qu'en suivant
tous leurs devoirs à cet égard. Etant en
Angleterre , j'admirois l'intérieur d'une
maison de campagne , l'ordre étonnant , l'étendue immense de la ferme &
de ses dépendances ; le maître du château
me dit : C'est ma femme qui a créé tout
cela ; *c'est son empire* ; il est naturel
qu'elle s'occupe du soin de l'embellir &

de

de l'étendre. Pour revenir à l'éducation de Saint-Cyr, on y enseigne encore la musique vocale & à deffiner des fleurs, talent agréable, néceffaire à une femme pour tous les ouvrages de broderie, que l'on apprend à Saint-Cyr. Cette occupation, trop négligée dans la plupart des études particulieres, me paroît très-utile fous beaucoup de rapports. Les Anciens, qui avoient des idées fi ingénieufes & fi juftes, ont prefque toujours attribué aux hommes vertueux le goût qui rapproche le plus de la nature, celui de l'Agriculture ; & aux femmes irréprochables, le goût fédentaire qui fixe auprès de fon foyer, celui de travailler à des ouvrages faits pour occuper agréablement, fans exiger une application qui puiffe diftraire des devoirs domeftiques, ou infpirer un orgueil qui en faffe méprifer la fimplicité. Les Anciens nous préfentent leurs Sages cultivant leurs jardins & leurs champs, & les femmes, dignes d'être propofées pour modeles, paſſant la plus grande partie de leur vie à broder, ou à faire des ouvrages de ce genre (1). D'après ces idées, les Anciens penſoient qu'une femme ne pouvoit avoir le mérite qui doit la caractériſer, ſi elle ne poſſédoit pas ces eſpeces de talens, auxquels ils attachoient un ſi grand prix,

---

(1) Un des traits du beau portrait de *la femme forte* de Salomon, eſt un éloge de ſon goût pour le travail; *elle a filé la laine & le lin avec des mains ſages & ingénieuſes.* C'eſt ainſi que la Fable nous dépeint Pénélope, & que l'Hiſtoire nous montre Lucrece travaillant tout le jour avec ſes femmes. L'eſtime des Anciens pour les femmes qui conſacroient leurs loiſirs à ces occupations innocentes, étoit telle, que les Poëtes nous diſent qu'Agamemnon ne préféroit Chriſéïs à Clitemneſtre que parce qu'elle excelloit à travailler à la toile. Ce fut par le même ſentiment qu'Enée voulant faire un préſent conſidérable à *Segeſte*, lui donna une eſclave crétoiſe nommée *Pholoë*, parce qu'elle étoit une habile brodeuſe. Les Grecs inſtituerent même des cérémonies religieuſes, dont le but étoit d'exciter l'émulation pour ce genre d'occupations. Les *Canéphories* étoient des fêtes en l'honneur de Diane & de Minerve, dans leſquelles les jeunes filles offroient ſolennellement à ces Déeſſes, la veille de leurs noces, des paniers remplis de petits ouvrages à l'aiguille faits par elles.

[35]

qu'ils croyoient que la Sageffe elle-même
avoit inventé ces arts que nous dédai-
gnons, & que nous trouvons frivoles.
Mais c'eft une des erreurs de la dépravation, de confondre fans ceffe une fimplicité vertueufe avec une méprifable
frivolité. La véritable frivolité eft d'aimer ce qui n'eft utile fous aucun rapport,
& ce qui eft en même temps dangereux
& condamnable à beaucoup d'égards,
comme le jeu & la plupart de nos amu-
femens. L'illuftre Fondatrice de S. Cyr,
qui joignoit à tant de vertus une raifon
fupérieure, a voulu que non feulement
les penfionnaires de S. Cyr excellaffent
dans l'art de la broderie, mais qu'elles
ne dédaignaffent aucun des ouvrages
qu'une femme économe peut défirer de
favoir faire; & c'eft ainfi que ces jeunes
perfonnes font elles-mêmes tout ce qui
fert à les habiller (1). Enfin comme elles

----

(1) A l'exception feulement de leurs corps baleinés
& de leurs fouliers.

ſont deſtinées à devenir un jour meres de famille, on leur apprend l'art ſi difficile d'enſeigner & de conduire des enfans. Ces jeunes Inſtitutrices ſont guidées dans ces honorables fonctions par les religieuſes qu'elles remplacent. Elles achevent de ſe perfectionner dans ce qu'elles ont appris, en l'enſeignant à leur tour. On voit avec certitude juſqu'à quel point elles ont profité des leçons qu'elles ont reçues, par la maniere dont elles inſtruiſent les autres. Elles s'accoutument à la patience, à la vigilance ; on leur apprend à connoître les ruſes & le caractere des enfans ; à ſavoir employer à propos l'indulgence, la douceur, & la ſévérité. Elles s'attachent avec paſſion aux enfans qui répondent à leurs ſoins ; & c'eſt ainſi qu'une ingénieuſe & ſage inſtitution prépare, pour le bonheur de la Société, des femmes éclairées & vertueuſes, & d'excellentes meres (1). Telle

____

(1) Avant de connoître Saint-Cyr, j'avois propoſé, il

eſt l'éducation que l'on reçoit à S. Cyr.
J'avoue que je ſuis étonnée que loin de
lui rendre la juſtice qu'elle mérite, on
répete ſans ceſſe que cette éducation *eſt
abſurde*, & donne à ſes Eleves *la plus
ridicule vanité*. On a vu par ce détail que
cette inſtitution au contraire doit ſur-
tout corriger un tel vice, puiſqu'elle
s'attache particulierement à rendre honorables les ſoins & les occupations
qu'un amour-propre mal entendu pour-

---

y a neuf ans, dans *Adele & Théodore*, un moyen de ce
genre applicable aux éducations particulieres : cette
idée fut très-critiquée dans le temps par des gens de
Lettres qui trouverent cette invention *bizarre & impraticable*. L'expérience m'a prouvé que leurs jugemens ne
ſont pas toujours des oracles. J'avois donné dès ce temps
une Eleve à ma fille. Cette enfant, qui n'avoit que
très-peu d'années de moins que ſon Inſtitutrice, a 16
ans aujourd'hui. Elle juſtifie ſous tous les rapports cette
invention qu'on a tant déſapprouvée. Enfin dans ce mo
ment deux jeunes perſonnes qui ſont entre mes mains
élevent ſous mes yeux deux enfans, & je me confirme
chaque jour davantage dans l'opinion que cette invention
eſt le moyen le plus efficace & le plus ſûr qu'on puiſſe
employer pour former & perfectionner l'eſprit, la raiſon,
& le cœur d'une jeune perſonne.

C 3.

roit dédaigner. J'ai souvent entendu dire aussi que les personnes élevées à S. Cyr *avoient une excessive hauteur* : il y a des critiques qui valent quelquefois des éloges. En général, les femmes distinguées par la modestie, la dignité, & la décence qui doivent les caractériser, sont plus exposées que les autres à l'injustice d'être faussement accusées de dédain & de pruderie. J'ai vu en province beaucoup de femmes élevées à S. Cyr, & toutes m'ont donné l'idée la plus avantageuse de l'éducation qu'elles avoient reçue. Au reste, quand ces reproches relatifs à la fierté déplacée, à l'orgueil, auroient été fondés quelquefois, on ne pourroit raisonnablement attribuer ces défauts qu'aux *preuves de noblesse* qu'on exigeoit à St. Cyr, ce qui est absolument étranger au plan d'éducation. Maintenant je vais détailler ce qui me paroît manquer à l'éducation de S. Cyr. Comme les femmes peuvent, par la mort de leurs maris, devenir tutrices de leurs enfans, il me femble qu'il eft indifpenfable de leur donner une connoiffance au moins élémentaire des lois & de la conftitution de leur pays. *Un cours de droit* étoit une grande entreprife il y a un an : cette importante étude, fimplifiée aujourd'hui par la fageffe & la raifon, fera déformais moins longue, plus facile, & doit néceffairement entrer dans l'éducation des femmes. Enfin je trouve qu'à S. Cyr & dans toutes les éducations publiques d'hommes & de femmes, on néglige entierement d'employer les moyens qui peuvent développer & augmenter les forces phyfiques. A voir l'indifférence des Inftituteurs à cet égard, on feroit prefque tenté de croire qu'il eft à peu près égal d'avoir une bonne ou une mauvaife fanté, d'être foible & valétudinaire, ou de jouir d'une conftitution faine & robufte. On ne s'occupe nullement du régime & du choix fi important des alimens, & les exercices du corps font, ou négligés ou mal employés. Il seroit facile d'exercer les enfans des deux sexes à sauter, à courir, à porter & à soulever des fardeaux dont on augmente- roit la pesanteur suivant l'accroissement de leurs forces (1). Il est facile d'ima- giner beaucoup d'autres exercices de ce genre d'une aussi grande utilité (2). On devroit de plus apprendre aux hommes à grimper aux arbres, à monter, avec le seul secours d'une corde, au haut d'un plafond, &c.; exercices qui don- nent à la fois de la souplesse, de l'agi- lité, de la force, de la hardiesse, & qui peuvent, dans des voyages & dans mille circonstances de la vie, sous- traire à beaucoup de dangers. On doit,

---

(1) L'aîné de mes Eleves, qui a dix-sept ans, est ainsi parvenu, par gradation, à porter sans effort à pré- sent 212 livres dans une hotte attachée sur le dos, mon- tant & descendant un escalier avec cette charge.

(2) J'en ai moi-même inventé plusieurs, & j'en ai renouvelé un que Gallien prescrivoit à ses malades convalescens, & qui donne beaucoup de force & de sou- plesse, j'en ai trouvé la description dans l'Encyclopédie, au mot *halteres*.

dans la gymnaſtique comme dans toutes
les autres parties de l'éducation, avoir
toujours en vue de donner à l'Eleve
toutes les facultés qui lui feront indif-
penſablement néceſſaires , & même
celles qui vraiſemblablement pourront
lui être utiles. Avant de s'embarquer
pour faire un voyage dangereux, on ré-
fléchit long-temps d'avance aux moyens
d'éviter les périls qu'on enviſage ; on
ſe munit de toutes les choſes dont la
crainte & la raiſon font prévoir le beſoin. Quels préparatifs n'exige donc
pas la courſe entiere de la vie? La plus
parfaite éducation eſt celle dont le plan
eſt formé d'après les calculs & les com-
binaiſons de la prévoyance la plus étendue. L'avenir d'un jeune homme offre
à l'imagination une multitude de dangers, de travaux inévitables. Sa vie,
ſon honneur même pourra dépendre
du développement complet de ſes forces
phyſiques. Il faut donc éloigner de lui
tout ce qui peut reſſembler à la mol-

leſſe. Dans cet âge où les habitudes, ainſi que les impreſſions, ſe prennent avec tant de promptitude & de facilité, & ſe conſervent toujours, on pourra l'accoutumer, ſans effort & ſans qu'il en ſouffre, à la fatigue; à ſe contenter d'une nourriture ſaine, & par conſéquent groſſiere, & à ſe paſſer de toutes les inventions du luxe & de la molleſſe. J'ai examiné avec attention l'intérieur de nos plus fameux colléges, & j'y ai vu par-tout l'éducation phyſique infiniment vicieuſe; on n'y a même pas l'idée du régime qui convient à l'enfance & à la premiere jeuneſſe (1). On y donne la nourriture la plus mal-ſaine (2); on fait coucher les enfans

___

(1) Tout Inſtituteur devroit cependant avoir cette connoiſſance, qu'il pourroit acquérir facilement en liſant ſeulement les ouvrages de M. Tiſſot, qui a traité cette matiere avec le plus grand détail.

(2) Par exemple, beaucoup de ragoûts, beaucoup de pâtiſſeries, &c., alimens que M. Tiſſot & tous les bons Médecins interdiſent abſolument à l'enfance, ainſi qu'une infinité d'autres.

dans des lits entourés de rideaux &
chargés de matelas de laine, & même
de lits de plume ; on les prive d'air ;
on les étouffe ; on les amollit ; on leur
procure ainsi une transpiration violente qui les épuise. Un seul matelas
de crin seroit plus que suffisant ; & ce
qui vaudroit mieux encore, ce seroit
une planche, un simple lit de bois.
Mes Eleves, depuis quatre ans & demi,
n'ont point d'autre lit, & n'ont jamais
joui d'un plus doux sommeil & d'une
meilleure santé, que depuis qu'ils ont
pris cette habitude qui convient si bien
à des hommes (1) ! C'est avec raison
qu'un excellent Ecrivain fait l'éloge de
cette coutume. « Pendant que des jeunes

____

(1) Quand je dis *un lit de bois*, ce n'est point une
exagération : on met sur ce lit (formé de planches avec
un rebord des deux côtés) un tapis très-mince, & sur
ce tapis les draps & les couvertures ; ils ont seulement
un oreiller de crin pour poser leur tête. Au reste, je
dois dire que ces lits sont de leur invention, & que d'eux-
mêmes ils ont voulu coucher ainsi. Avant cette époque,
ils couchoient sur un matelas de crin.

» gens, dit-il, lassés de leurs plaisirs,
» dorment laborieusement dans le du-
» vet, pensez-vous, si on les réveille en
» sursaut pour repousser l'ennemi qui es-
» calade nos murailles, qu'ils trouveront
» en eux les forces & le courage de
» ces anciens Athéniens, accoutumés
» à coucher sur la dure, à côté de
» leurs armes, & à mépriser les plaisirs
» des sens »? (1)

Dans un collége justement célebre (2) par les talens & le mérite de
ses Professeurs, & par les Eleves dis-
tingués qui en sont sortis, j'ai vu avec
étonnement les Ecoliers rester tout le
temps de leur récréation dans une cour
pavée, de sorte qu'il leur est absolument impossible d'y courir ou d'y sauter ; & c'est ainsi qu'ils passent leurs
récréations dans l'inaction, l'indolence,
& l'ennui, & que l'on perd un temps

-----

(1) Entretiens de Phocion, par l'Abbé de Mably.
(2) Juilly.

ſi précieux, lorſqu'il eſt bien employé. Ce collége poſſede cependant un beau jardin, & il eſt ſitué au milieu d'une campagne agréable. Mais il eſt très-facile de ſurveiller une troupe d'enfans triſtement renfermés dans l'étroite enceinte d'une cour où l'on ne peut faire aucun exercice violent, & il faut plus d'Inſtituteurs, plus de ſoins, plus d'attention, pour les ſuivre & les conduire dans un parc ou dans les champs. On a encore établi dans ce Collége & dans beaucoup d'autres, une coutume très - préjudiciable à la ſanté ; celle de fixer invariablement, pour tous les temps de l'année, les heures deſtinées aux études, récréations, & promenades, au lieu de les changer ſuivant les ſaiſons. Quand j'ai demandé raiſon de cet uſage, on m'a répondu que *cet arrangement étoit plus commode* ; il eſt vrai que ce ne ſont pas les Ecoliers qui m'ont fait cette réponſe. Il faut l'avouer, au riſque de déplaire à beau-

coup de gens, dans ces inftitutions publiques, on ne s'occupe point affez de
ce qui peut être agréable & utile aux
Eleves, & tout paroît ingénieufement
combiné pour épargner de la peine
& des foins aux Inftituteurs: cependant
le renverfement de cet ordre de chofes
pourroit feul produire un bon plan d'é-
ducation ; car le meilleur fera toujours
celui qui impofera aux Inftituteurs le
plus de travaux & d'affujettiffement.
C'eft à l'affemblée nationale à donner
ce plan, avec tous fes détails. La Pa-
trie attend d'elle ce nouveau bienfait,
fans lequel fes long travaux devien-
droient peut-être inutiles, ou du moins
feroient imparfaits. Un excellent plan
d'éducation nationale ne peut être fait
que par des Légiflateurs, parce qu'il
faut néceffairement que les lois, bien
loin de mettre obftacle à la bonté de
ce plan, concourent à fa perfeftion.
Par exemple, il feroit à défirer que les
lois rendiffent les peres refponfables

de l'éducation de leurs enfans. On a détruit l'injuste préjugé qui couvroit d'opprobre une famille entiere par le crime d'un seul individu. Sans doute, les freres, les sœurs, les parens peuvent être purs aux yeux de la raison, mais le pere d'un scélérat peut-il être irréprochable ? Examinez la vie des hommes pervers, vous trouverez toujours dans leur enfance ou leur premiere jeunesse, quelque germe affreux de corruption. Néron eut Burrhus pour précepteur ; mais Agrippine fut sa mere... Celui qu'une éducation vigilante & vertueuse a guidé depuis le berceau jusqu'à l'âge de vingt ans, ne deviendra jamais un monstre ; il ne sera jamais un voleur, un assassin, ou un empoisonneur. Ce seroit donc une loi sévere, mais une loi équitable & infiniment utile sous tous les rapports, que celle qui feroit rejaillir le déshonneur de l'enfant criminel, sur le pere & la mere, qui, dans ce cas, font au moins coupables de négligence. Alors on s'occuperoit moins peut-être de la fortune de ses enfans ; mais on s'occuperoit davantage du devoir sacré de leur inspirer l'amour de la vertu ; alors, afin de prolonger, c'eft-à-dire, d'achever leur éducation , on ne fe prefferoit pas de les marier avant qu'ils euffent atteint l'âge de la raifon (1). Il eft vrai que cette efpece de refponfabilité des peres & meres ne pourroit être équitablement établie que dans le cas où les lois affureroient en

---

(1) On avoit le droit de s'étonner que les lois permiffent de prononcer des vœux religieux à feize ans ; mais on devroit s'étonner auffi que les lois aient permis le mariage à doûze & quatorze ans. Qu'eft-ce qu'un ferment fait dans l'âge où l'on n'a pas même l'idée des engagemens que l'on contracte ? D'ailleurs les vœux religieux , prononcés fans vocation, ne font le malheur que de quelques êtres ifolés & féparés de la Société; ce malheur du moins ne caufe point de défordres publics, tandis que les mariages mal affortis troublent l'ordre de la Société , & font la caufe la plus réelle de la dépravation des mœurs.

même

même temps aux parens une grande
autorité fur leurs enfans ; autorité jugée
néceffaire par un homme de génie, qui
fut à la fois un Philofophe profond,
un célebre Jurifconfulte, & un excellent Ecrivain. « Quelques Légiflateurs,
» dit Montefquieu, ont eu une atten-
» tion qui marque beaucoup de fageffe ;
» c'eft qu'ils ont donné aux peres une
» grande autorité fur leurs enfans. Rien
» ne foulage plus les Magiftrats ; rien
» ne dégarnit plus les Tribunaux ; rien
» enfin ne répand plus de tranquillité
» dans un état où les mœurs font tou-
» jours de meilleurs Citoyens que les
» lois. C'eft, de toutes les puiffances,
» celle dont on abufe le moins ; c'eft
» la plus facrée de toutes les magif-
» tratures ; c'eft la feule qui ne dépend
» pas des conventions, & qui les a
» même précédées. On remarque que
» dans les pays où l'on met dans les
» mains paternelles plus de récom-
» penfes & de punitions, les familles

D

» font mieux réglées. Les peres font
» l'image du Créateur de l'univers,
» qui, quoiqu'il puiffe conduire les
» hommes par fon amour, ne laiffe pas
» de fe les attacher encore par les mo-
» tifs de l'efpérance & de la crain-
» te (1) ».

Le rétabliffement de l'adoption feroit encore, comme j'ai tâché de le
prouver dans un autre difcours, la loi
la plus utile, relativement aux mœurs
& à l'éducation. Enfin on doit efpérer
que déformais il ne fera plus néceffaire,
pour s'avancer dans la carriere militaire, d'entrer au fervice à quatorze ou
quinze ans, néceffité qui rendroit inutiles les meilleurs plans d'éducation ;
car, on ne fauroit trop le répéter,
nulle éducation pour un homme ne
peut être parfaite, fi on la termine
avant l'âge de vingt ans ; & quand l'inftitution publique fera conduite jufqu'à

____

(1) Lettres Perfanes.

ce terme, elle aura véritablement l'influence la plus marquée fur les mœurs,
ou, pour mieux dire, elle formera ce
caractere national qu'on remarque dans
tous les pays libres où l'enfeignement
public a la durée qu'il doit raifonnablement avoir, comme en Hollande &
en Angleterre. L'éducation qu'on reçoit
à Oxford & à Cambridge eft prolongée
jufqu'à l'âge de vingt-un ans; auffi
a-t-elle cette influence. Il ne faut que
favoir réfléchir pour en être frappé.
On n'apprend à ces Univerfités que les
mathématiques, le grec, & le latin. Les
méthodes, de l'aveu de tous les anglois
inftruits, font vicieufes à beaucoup
d'égards; mais on enfeigne pendant
une longue fuite d'années: ceux qui ont
quelques difpofitions apprennent, &
n'oublient jamais. Je remarque d'abord
que les anglois en général font inftruits,
& que leur nation a produit dans tous
les temps de grands Géometres. Ils
ont lu à vingt-deux ans tous les auteurs

claffiques grecs & latins , & cette lecture, faite avec fruit, c'eft-à-dire, dans
l'âge où l'on peut véritablement com-
parer & juger, a la plus grande influence pour la fuite de toute leur vie,
fur leur caractere & leurs mœurs. Ils
puifent dans Homere, dans Hérodote,
dans Diodore de Sicile , &c. , le goût
des voyages, qu'ils ont tous; celui des
harangues, des difcours publics , des
courfes , des combats du peuple (1).
L'étude de Démofthene & des anciens
Orateurs excite en eux l'amour &
l'enthoufiafme de la liberté , & cette
énergie de caractere , cette élévation
de penfées qui réfultent toujours de ce
grand fentiment. Dans la littérature,
ils s'attachent particulierement à imiter les Grecs. Je ne veux pas dire
qu'ils aient le goût pur & délicat qui

____

(1) Je parle des combats qui font des fpectacles , &
qui ont une très-grande conformité avec ceux des
Athletes.

diſtinguoit cette nation ; mais il eſt certain que les anglois ont très-peu profité des lumieres que les Auteurs du ſiecle de Louis XIV ont répandues ſur les lettres, parce que leur plan d'étude n'embraſſe que la littérature ancienne, & que ces études prolongées très-tard déterminent & fixent à jamais leurs opinions. J'ai comparé très-attentivement le théâtre anglois avec les traductions des Ouvrages grecs & latins du même genre, & j'ai vu que les tragédies & les comédies angloiſes ne ſont, quant à la forme, au plan, & aux mœurs, que des imitations du théâtre grec, qui n'offre cette ſimplicité, qu'on a tant vantée, que dans un très-petit nombre de pieces de Sophocle & d'Euripide (1). J'oſe dire

____

(1) On reproche aux Auteurs tragiques anglois de ne pas donner à leurs perſonnages des caracteres aſſez héroïques & aſſez vertueux. On leur reproche encore de repréſenter des actions & de peindre des ſentimens d'une atrocité révoltante ; de s'attacher moins à inſpirer

que cette digreſſion n'eſt point déplacée dans cet Ouvrage ; elle offre un

---

l'admiration qu'à exciter la terreur ; de ne point ſuivre
la regle des *trois unités*, & d'offrir ſouvent des idées
& des ſcènes bizarres & extravagantes. Il me ſemble qu'on
peut faire ces mêmes reproches aux Auteurs grecs ; il
paroît qu'ils ne s'aſſujettiſſoient point à ſuivre des regles
fixes & invariables : les héros de leurs pieces ſont preſque
toujours avilis par des foibleſſes, ou ſouillés par des
forfaits, & leurs ouvrages ne préſentent ſouvent qu'un
tiſſu d'extravagances & de crimes atroces. Eſt-il rien de
plus atroce que la ſcene 2ᵉ. du 5ᵉ. acte de l'Electre
de Sophocle, dans laquelle Oreſte aſſaſſine ſa mere
implorant ſa pitié, tandis qu'Electre lui crie de *frapper
encore, de redoubler, s'il eſt poſſible.* On trouve la
même férocité dans les Coëphores d'Eſchyle ; on y voit
Clytemneſtre demander en vain la vie à ſon fils. Dans
l'Alceſte d'Euripide, Admete reproche à Phérès, ſon pere,
de n'avoir pas donné ſa vie pour lui ; il le renonce,
ainſi que *l'indigne épouſe de Phérès* : c'eſt ainſi qu'Admete appelle ſa mere. Dans l'*Oreſte* d'Euripide, Electre
conſeille d'exécuter contre Hélene & Hermioné un com-
plot rempli de cruautés & de trahiſons ; & ce projet excite
tellement l'admiration d'Oreſte, qu'il dit à Pilade en par-
lant d'Electre, *Quelle épouſe vous perdez !* ... Dans *l'Hécube* d'Euripide, les femmes d'Hécube égorgent les deux
enfans de Polymneſtor aux yeux de leur pere, & enſuite
lui crevent les yeux. *Les Bacchantes* d'Euripide préſentent un ſpectacle qui ſurpaſſe en horreur tout ce que

réfultat très-important ; car elle prouve à quel point une *éducation prolongée* jufqu'à l'âge de vingt ans peut avoir d'influence fur le refte de la vie. Je terminerai ce mémoire par quelques réflexions fur les Ecoles cloîtrées, que

le théâtre anglois peut offrir de plus révoltant. Agavé arrive fur le théâtre en portant la tête de fon fils qu'elle vient d'égorger ; elle croit tenir la tête d'un lion ; elle fe livre à la joie, invite les Bacchantes au feftin où l'on doit manger ce prétendu lion. Cette affreufe fcène eft très-longue. Enfin quoi de plus extravagant, pour le plan & pour les détails, que la Tragédie de *Prométhée* d'Ef-chyle, que celle d'*Hélene* d'Euripide, & celle qui a pour titre *Ion*, du même ? &c. Les bornes d'une note me forcent de fupprimer une infinité de citations de ce genre. Quant aux Comédies des Anciens, elles font, comme les Comédies angloifes, ou bizarres, ou romanefques, ou licencieufes & fatyriques. Dans la *Paix* d'Arifto-phane, on voit un homme à cheval fur un efcabot monftrueux. Les Oifeaux, les Guêpes, les Grenouilles, du même, ne font pas moins extravagantes ; & la licence de ces pieces eft extrême, ainfi que dans les pieces de Plaute & de Térence. L'*Hecyre* ou la *Belle-mere* de ce dernier eft un véritable *drame*, & un des plus monftrueux & des plus mauvais qui exifte, du moins quant au plan. L'*Heureux Naufrage* de Plaute eft encore un drame, &c.

j'ai propofées. Il me femble qu'il faudroit les divifer en deux efpeces; les
écoles à claſſe, & les écoles où l'on ne
recevroit que des penfionnaires en
chambres. Les écoles où ces deux
genres d'éducation feront mêlées (l'é-
ducation publique & l'éducation particuliere) ne feront jamais bonnes; les
liaifons formées entre les penfionnaires
des claſſes & les penſionnaires en
chambres, nuiront toujours à l'éducation. Ainſi, il faudroit établir les écoles
qui n'auront point de claſſes dans les
villes, afin que les penfionnaires puf-
fent avoir tous les Maîtres que leurs parens voudront leur donner, & fixer au
contraire les autres écoles dans les
campagnes, loin des villes. On dira
peut-être qu'il feroit fâcheux que ces
dernieres écoles fuſſent privées des
Maîtres qu'on ne peut trouver qu'à
Paris; mais ces Maîtres leur feroient
abfolument inutiles. Le but principal,
l'objet effentiel de toute éducation eft

de donner l'inftruction & les qualités morales & phyfiques que la Société, pour fon avantage, doit défirer le plus dans les individus qui la compofent. Les talens agréables, quelque brillans qu'ils foient, ne peuvent tenir lieu de ce fonds folide & néceffaire. Les graces embelliffent la vertu, mais ne fauroient y fuppléer. Une éducation particuliere peut fans doute procurer ces divers avantages ; une inftitution publique doit fuivre un plan moins compofé. Elle doit rejeter les petits détails & tout ce qui paroît frivole aux yeux d'une raifon févere. Il faut que les Eleves d'une nombreufe école foient tous affujettis aux mêmes inftructions ; l'émulation ne peut naître & s'entrete-nir que parmi ceux qui parcourent une même carriere. Si les travaux étoient différens, les talens de pur agrément paroîtroient peut-être plus défirables que la fcience & la fageffe. Il faut, pour un grand nombre d'Eleves une culture uniforme & simple. Une plante chérie, unique objet des soins les plus assidus, cultivée solitairement par une main habile, peut devenir un de ces phénomenes brillans qui font connoître toute l'étendue, tout l'éclat du plus noble privilége que l'homme ait reçu de la nature, celui d'embellir & de perfectionner l'ouvrage même de son Créateur. Mais les jeunes arbustes, cultivés ensemble dans l'enclos d'une vaste pépiniere, ne peuvent recevoir ces soins délicats & variés, cette culture dispendieuse & difficile. De même, dans l'éducation publique, il est dangereux de se livrer à des espérances trop ambitieuses; tout doit se rapporter uniquement à l'utilité. Il faut savoir renoncer à ce qui n'est que brillant, afin de ne rien négliger de ce qui est véritablement solide. Il me paroît donc que dans les écoles de femmes, on ne doit admettre en études d'agrément que celles qui prennent peu de temps, & qui peuvent ſe faire en commun, comme la broderie & le deſſin, borné ſeulement aux fleurs. On pourroit y joindre la muſique vocale, qui s'apprend parfaitement en quatre ou cinq ans, en ne prenant chaque jour qu'une leçon d'une demi-heure ou de trois quarts d'heure. On trouve dans toutes les Provinces d'excellens Maîtres de muſique, quand on ne veut apprendre qu'à *déchiffrer*; & lorſqu'on ſait lire la muſique *à livre ouvert*, on apprend facilement en ſix mois le goût du chant, dont on pourroit prendre des leçons à Paris, en ſortant de ces écoles, ſi l'on déſiroit acquérir ce talent. A l'égard des inſtrumens, ils doivent être bannis des *écoles à claſſes*; les bons Maîtres en ce genre ſont très-rares, & ne ſe trouvent jamais en province; & cette eſpece de talent demande au moins trois heures d'étude par jour (1). Je vais finir ce mémoire

____

(1) Comme je n'ai jamais fait de réflexions & d'études

par la récapitulation des articles qui
me paroissent les plus importans, rela-

---

qui n'eussent quelque rapport à l'éducation, j'ai examiné
avec un soin particulier toutes les méthodes d'enseigne-
ment dont j'ai pu juger, & j'ai trouvé toutes ces méthodes excessivement défectueuses, sur-tout par un défaut
essentiel, celui de multiplier les peines & les leçons, ce
qui cause une énorme perte de temps. Cependant dans
les Beaux-Arts, on peut dire qu'il y a d'excellentes
méthodes établies depuis long-temps, par exemple,
celles que suivent les grands Maîtres pour former des
Peintres, des Sculpteurs, & des Architectes; mais pour
la musique, il n'y a de bonne méthode reçue que celle
qui apprend à déchiffrer la musique vocale, parce qu'elle
forme un ouvrage gravé qui est entre les mains de tout
le monde. Le goût du chant est très-perfectionné; mais
il y a à cet égard une convention tacite entre tous les
Maîtres, pour n'enseigner qu'en trois ou quatre ans ce
qu'on pourroit facilement apprendre en six mois, quand
on sait bien la musique. A l'égard des instrumens, c'est
encore pis; on emploie dix ou douze ans à montrer ce
qu'on apprendroit parfaitement en dix-huit mois ou deux
ans. Ceci n'est point une exagération, & beaucoup de
gens de l'art pourroient rendre le témoignage que j'ai
prouvé tout ce que j'avance ici. On cite plusieurs Peintres,
entre autres Michel-Ange & Raphaël, qui ont été à la
fois Peintres sublimes, grands Sculpteurs, & excellens
Architectes. Ces talens demandent cependant du génie,
& un mécanisme différent dans la pratique; & l'on n'a
jamais cité un seul Musicien qui ait joué supérieurement

tivement à l'éducation publique des femmes.

1°. L'établiſſement des *écoles cloî-trées*, dirigées par des Inſtitutrices féculieres, qui auront toute liberté de ſortir, mais qui ſuivront, dans l'intérieur des écoles, toutes les regles de clôture établies dans les couvens.

2°. La diviſion des écoles *en écoles de penſionnaires en chambres & écoles à claſſes*. Les premieres écoles fixées dans les villes, les autres dans les cam-pagnes. Il eſt inutile d'obſerver que dans les *écoles de penſionnaires en cham-bres*, les perſonnes qui gouverneront

---

de trois inſtrumens, c'eſt-à-dire, qui en ait joué de la premiere force. Pourquoi ? C'eſt que dans les trois premiers Arts les méthodes ſont excellentes, & que dans l'autre elles ſont très-mauvaiſes. Si l'on examine les Arts mécaniques, on trouvera le même vice; toujours le même manque d'économie de la choſe la plus pré-cieuſe, *le temps*. L'ignorance & ſouvent la mauvaiſe foi des Maîtres prolongent les apprentiſſages d'une ma-niere abſurde. Il n'y a point d'apprentiſſage que l'on ne pût raiſonnablement réduire au moins à la moitié du temps que l'uſage actuel y conſacre.

la maison, ne doivent pas être choisies dans la claſſe des Inſtitutrices, puiſque tous leurs devoirs ſe borneront à maintenir dans la maiſon l'ordre, la décence, & l'exacte clôture. Dans ces écoles, les parens pourront faire ſortir leurs filles auſſi ſouvent qu'ils le jugeront à propos, puiſqu'elles ne ſeront élevées que d'après leur propre plan; ce qui ne pourroit avoir lieu dans les *écoles à claſſes*, où l'on doit établir, comme dans les colléges, un temps de vacances, paſſé lequel les penſionnaires ne ſortiront plus.

3°. L'on n'établira les écoles à claſſes que dans les lieux où l'on trouvera réunies les trois choſes ſuivantes : un air ſalubre, de bonnes eaux, & de grands jardins. Cette derniere condition eſt auſſi néceſſaire que les deux autres, puiſque les penſionnaires ne pourront ſortir & s'aller promener dans les champs, du moins ſans une permiſſion particuliere de leurs parens.

4°. Il me semble qu'il seroit à déſi-
rer que dans toutes ces maiſons d'éducation on plaçât (à l'imitation des anciens), ſoit dans les jardins, ſoit dans
les claſſes, des eſpeces d'autels ou des
petites colonnes de pierres, ſur leſquelles ſeroient gravées les lois fonda-
mentales & les principaux articles de
notre Conſtitution. Les Anciens écri-
voient ſur des colonnes & ſur des tables
les lois religieuſes & les ordonnances
civiles : toute l'hiſtoire, toutes les ré-
volutions de la Grèce étoient gravées
ſur des pierres ou des colonnes (1).
Ces peuples ſe plaiſoient à multiplier
autour d'eux ces monumens inſtructifs,
qu'il ſeroit ſur-tout ſi utile de placer
ſous les yeux de la jeuneſſe & des habi-
tans des campagnes. Les bonnes lois

____

(1) Pluſieurs de ces monumens ſont parvenus juſqu'à
nous. Les Tables Iſiaques, les Marbres d'Arundel, &c.
L'Hiſtoire nous apprend qu'Annnibal dédia un autel ſur
lequel il fit graver en langue punique & grecque un
long détail de ſes exploits.

font le feul gage folide d'une liberté durable. Je voudrois voir les nôtres gravées, non feulement dans toutes les écoles publiques, mais dans toutes les églifes; car aimer & fuivre les lois avec une inviolable fidélité, c'eft exécuter ce que la religion commande ; enfin je voudrois les retrouver encore dans les villages & fur les pierres itinéraires qui marquent les routes, & qui, rendues alors doublement utiles, inftruiroient à la fois l'habitant des champs & le voyageur.

5°. Il me femble que le meilleur plan d'études pour les écoles publiques eft celui de Saint-Cyr, en y ajoutant quelques études de plus. Ainfi, l'on donnera aux penfionnaires une connoif-fance approfondie de la Religion, & par conféquent de la Morale ; on leur enfeignera les élémens de l'Hiftoire, de la Mythologie, & de la Géographie ; on joindra à ces études celle des Lois & de notre Conftitution actuelle. On

les

les inftruira avec détail de tout ce qu'il eft néceffaire de favoir pour pouvoir conduire & gouverner parfaitement l'intérieur d'une maifon & d'une ferme ; efpeces de connoiffances qui ne peuvent s'acquérir qu'à la campagne , & raifon qui feule devroit empêcher d'établir ces écoles dans les villes. On apprendra encore aux penfionnaires, non les principes de la Médecine, non l'application des drogues , mais à les connoître & à les préparer , ainfi qu'à favoir employer & choifir les différens contre-poifons , & les remedes qui peuvent prévenir les fuites funeftes des accidens caufés par l'arfenic , le vert-de-gris, le plomb , &c. , & les médicamens pris à trop forte dofe. Il ne feroit pas moins important de leur apprendre auffi à mettre le premier appareil fur une plaie & fur une contufion, deux panfemens différens, faciles à faire , mais qui demandent cependant de l'adreffe & de l'habitude. Que d'avantages ineftimables ré-

fulteroient de ces études bienfaiſantes !
on accoutumeroit ainſi ces jeunes perſonnes à vaincre tous les dégoûts &
toutes les délicateſſes que l'humanité
réprouve : en exerçant leurs mains innocentes & pures, à s'acquitter de ces
ſaintes fonctions, on leur feroit connoître toute l'importance d'un devoir
auſſi doux que ſacré, celui de chercher
& de ſaiſir tous les moyens de ſe rendre
utile aux autres, & on les mettroit en
état de pouvoir un jour offrir les ſecours les plus efficaces & les plus néceſſaires dans tous ces accidens impré-
vus qui ſont malheureuſement ſi communs. Que de perſonnes, que d'enfans
ſur-tout ont péri, ſoit en voyage, ſoit
à la campagne, faute de ces premiers
ſecours ! La femme capable de les donner, peut-être un jour ſauvera la vie de
ſon enfant ! Quand elle n'auroit l'oc-
caſion de rendre un tel ſervice qu'aux
derniers de ſes domeſtiques, n'en feroit-
ce pas aſſez pour bénir à jamais une telle
éducation ?

6°. Les penſionnaires , comme à Saint-Cyr , feront de leurs propres mains tout ce qui ſert à leur habillement ; & lorſqu'elles auront acquis l'inſtruction néceſſaire , les Inſtitutrices leur feront exercer les fonctions de *Maîtreſſes de claſſes* , afin de leur apprendre à connoître , à conduire les enfans , & l'art ſi difficile d'enſeigner.

7°. En études d'agrément , on ne leur enseignera que le deſſin , borné ſeulement aux fleurs , la broderie , & la muſique vocale.

8°. Il ſera indiſpenſable de compoſer pour ces écoles deux petits traités très-importans par leur objet ; l'un , relativement au *régime alimentaire* qui convient à l'enfance & à la jeuneſſe ; & l'autre , ſur *la gymnaſtique* , applicable à l'éducation des femmes. Il faudroit que ces deux traités , faits par ordre de l'Aſſemblée nationale , & approuvés par elle , fuſſent imprimés & adoptés dans toutes les écoles.

9°. Il semble que l'Assemblée nationale doive se déterminer promptement à charger un de ses Comités du soin de composer & de diriger *le plan d'éducation* dans tous ses détails, & qu'ensuite ce plan fût rendu public.

10°. Il seroit encore à désirer que l'Assemblée nationale formât incessamment une ou deux écoles cloîtrées qui pussent servir de modeles à toutes celles qui s'établiroient dans la suite. On pourroit commencer par en établir une à *Maubuisson*, que les religieuses viennent d'abandonner : la maison est belle, ses jardins sont grands. Ce couvent, qui n'est qu'à sept lieues de Paris, est dans une situation très-agréable, & près d'une riviere. Il faudroit faire des réglemens particuliers pour l'ameublement de ces maisons d'éducation ; car on ne doit les meubler qu'en toiles, & il est essentiel d'en bannir à jamais les lits & rideaux de laine & de soie, les matelas de duvet & de laine, les ustensiles de cui-

fine en cuivre , &c. La bibliotheque ,
peu nombreuſe & bien choiſie , ſeroit
formée d'après le plan de lecture indi-
qué dans le plan général d'éducation.
A l'égard des Inſtitutrices , il ſemble
qu'elles ſeroient chargées de fonctions
aſſez importantes pour qu'on ne dût
pas les juger indignes de prononcer *le
ſerment civique* , ou du moins une pro-
meſſe juridique & ſolennelle de ſuivre avec une ſcrupuleuſe exactitude le
plan dont on leur confieroit l'exécu-
tion.

DISCOURS

SUR

LA BOTANIQUE,

CONSIDÉRÉE

Relativement à l'éducation.

AVIS DE L'ÉDITEUR.

CE petit Discours de Mme- de Sillery sur la Botanique a été imprimé il y a quatre ans, mais il n'a paru qu'à la tête d'un Herbier gravé, in - fólio ; & comme il ne se trouve point dans les Œuvres de Madame de Sillery, & qu'il est relatif à l'éducation, on l'a joint aux autres Discours sur le même objet.

DISCOURS

Sur la Botanique, considérée relativement à l'éducation.

..........L'ÉTUDE des Sciences en général ne paroît pas convenir aux gens du monde : on peut devenir Poëte & Moralifte profond au milieu de la diffipation & des plaifirs ; mais on ne devient favant que dans le filence & le recueillement de la folitude. L'homme du monde doit acquérir quelques notions générales à cet égard, non pour en faire parade (car on parle toujours mal de ce qu'on fait fuperficiellement), mais afin d'entendre avec fruit ceux qui ont approfondi ces matieres abftraites, & fur-tout afin de perdre une infinité de petits préjugés populaires, fouvent

très-nuifibles, & que l'ignorance adopte
fi facilement.

Les études fuivies & les occupations
habituelles des gens du monde ne fauroient contribuer à leur bonheur que
lorfqu'elles peuvent devenir utiles ou
agréables à la fociété. Une perfonne
fans littérature, fans goût pour les Arts,
fans connoiffance du cœur humain, por-
tera dans le grand monde une extrême
incapacité, éprouvera & infpirera beaucoup d'ennui, & ne cherchera que des
plaifirs ruineux ou aviliffans, qui cor-
rompent l'ame fans pouvoir la remplir &
la fatisfaire.

L'étude des Belles-Lettres & de la
Morale eft donc celle qui convient particulierement aux gens du monde; ils
peuvent la fuivre fans fe féparer de la fociété: le grand monde eft un vafte théâtre
où l'obfervateur éclairé recueille une
infinité de traits & de réfultats inftructifs qu'il chercheroit en vain dans les
livres. Non feulement il eft inutile à la

fociété qu'un Magiftrat, un Militaire, un Financier foient Aftronomes, Chimif-tes, Phyficiens, &c.; mais il eft évident que s'ils ont approfondi ces Sciences, ils ont négligé les devoirs de leur état. Cependant ne peut-on pas faire dans les Sciences des découvertes utiles au genre humain ? Cette gloire eft réfervée à un fi petit nombre d'hommes , qu'on ne doit pas raifonnablement fe flatter d'en jouir. D'ailleurs les génies tranfcendans font entraînés par une impulfion irré-fiftible; on ne les dirige point ; en vain voudroit-on leur tracer une route : indé-pendans , inflexibles , l'éducation ne fauroit affoiblir leur inclination domi-nante , & l'attrait qu'ils y trouvent , l'habitude, l'exemple, l'intérêt , tout ce qui gouverne le commun des hom-mes , n'a fur eux nul empire ; on peut les retarder dans leur courfe , mais ils atteignent tôt ou tard le but vers lequel ils s'élancent. On ne fauroit trop le ré-péter, le goût ou la manie des Sciences,

ne peuvent donner à l'homme du monde
que des torts ou des ridicules. Quoi de
plus rifible que la pédanterie de ceux
qui parlent avec le ton de l'enthoufiafme, des chofes qu'ils entendent le
moins? Quoi de plus condamnable
qu'un Militaire ou un Magiftrat qui
paffe fa vie dans un laboratoire, ou à
faire des expériences fur l'électricité?

Mais cependant il eft une Science qui
n'a rien d'abftrait, qui ne demande point
des études fédentaires, que l'on peut
approfondir en voyageant, en fe pro-
menant, & fans y confacrer un temps
particulier; elle convient également
aux gens du monde, aux folitaires; elle
peut être l'amufement favori de l'enfance, & le plus doux délaffement de
l'âge mûr & de la vieilleffe; & cette
Science, la feule qui réuniffe ces divers
avantages, c'eft la Botanique. Je voudrois que tous les Inftituteurs en infpi-
raffent le goût à leurs Eleves; goût falutaire, qui rapproche de la Nature, en

rendant la campagne & la promenade
plus agréables & plus intéreſſantes.....
Voulez-vous procurer à votre Eleve
des récréations inſtruɛ̈tives ? voulez-
vous que l'ennui ne le ſuive jamais dans
ſes promenades , & qu'au contraire il y
porte une gaîté conſtante , une infati-
gable aɛ̈tivité ? .... Enſeignez - lui la
Botanique , ou , pour mieux dire , faites-
vous un amuſement de l'étudier avec
lui.... Je vois pluſieurs enfans élevés
enſemble faire habituellement des promenades de ce genre : il n'eſt pas néceſſaire de les engager à courir, à gravir
les rochers, les montagnes , à franchir
les foſſés : la vue d'une plante nouvelle,
le déſir de l'examiner de près, l'ambition de s'en emparer (car la gloire de
la découverte eſt accordée à celui qui la
cueille) ; tous ces motifs , en excitant
l'émulation & la gaîté, hâtent la marche & multiplient & les ſauts & les
courſes : on s'enfonce dans les taillis à
travers les buiſſons de ronces & d'épi-

nes : on se fraye un chemin avec autant de satisfaction que d'intrépidité ; (il est si doux à tout âge de quitter, sans s'éga- ter, la route ordinaire & commune !) on marche, sans se plaindre, sur les souches tranchantes des arbres nouvellement coupés ; on ne craint ni les branches épineuses de l'églantier sauvage, ni les piqûres brûlantes de l'ortie. Si l'on traverse un marais, on ne s'aperçoit ni du froid, ni de l'humidité ; c'est là qu'on doit trouver des plantes aquatiques ; on court légerement dans la vase & dans l'eau pour acquérir un roseau, un jonc fleuri, & l'on monte avec plaisir jus- qu'au faîte d'un arbre élevé, afin d'en détacher un lichen qu'on croit apperce- voir pour la premiere fois. C'est ainsi qu'avec un but & l'attrait du plaisir, on peut, sans exhortation, sans ser- mons, aguerrir l'enfance, l'endurcir à la fatigue, conserver sa santé, aug- menter ses forces, son activité, l'ins- truire en l'amusant, lui donner un goût falutaire , qui fait aimer la campagne , l'agriculture , & qui fournit dans tous les temps de la vie des occupations également douces, innocentes, & même utiles (1).

J. J. Rousseau ne s'étoit livré que fort tard à la Botanique , & dans un âge où la mémoire est communément affoiblie. Aussi ne connoissoit-il que les plantes indigenes. *Il suffit* (disoit-il) *de bien connoître sa botte de foin.* Il ne vouloit même pas que l'on étudiât les propriétés des plantes : il me semble

____

(1) Observons , en passant , qu'un exercice qui oblige à se baisser jusqu'à terre & à se relever rapidement , met tous les muscles en action , & par-là même est extrêmement salutaire , sur-tout dans l'enfance & la premiere jeunesse. Les anciens avoient un exercice qu'ils nommoient les *halteres* , & qui consistoit à se baisser & à se relever. Galien a guéri plusieurs malades en leur prescrivant cet exercice : il est vrai que l'on ajoutoit des poids qu'il falloit poser & enlever ; mais cet exercice étoit sur-tout utile par l'espece de mouvement qu'il donnoit au corps, mouvement que l'on fait à chaque instant en herborisant , en examinant & cueillant les plantes.

que c'eſt retrancher de cette Science
tout ce qu'elle a d'utile & de véritablement intéreſſant. Il n'y a guere d'étude
plus attachante que celle des propriétés
des plantes conſidérées comme poiſons,
comme antidotes & remedes, & comme
alimèns. Elles ſont & ſeront toujours
d'un uſage continuel en Médecine.
Cependant il paroît qu'on a trop négligé de nos jours cette importante
partie de la Botanique, & que les anciens la connoiſſoient infiniment mieux
que nous; par exemple, ils l'appli-
quoient fréquemment à la Chirurgie;
nous voyons par les écrits qui nous reſ-
tent d'eux, qu'ils guériſſoient avec des
ſimples les plaies & les bleſſures les plus
dangereuſes. On retrouve encore parmi
des Nations ſauvages, des exemples de
ces cures merveilleuſes; & parmi nous,
preſque tous les Empiriques qui ont
eu de la réputation, n'ont dû leurs ſuc-
cès qu'à des ſecrets particuliers & des
recettes de ce genre. Malheureuſement

pour

pour les progrès de l'esprit humain, on attache plus de prix aux connoiſſances nouvelles, qu'à celles que l'on poſſede depuis long-temps : on aime mieux acquérir que conſerver. De là, tant de ſecrets perdus dans les Arts & dans les Sciences (1) ; & c'eſt ainſi que la maſſe des connoiſſances ne s'augmente jamais en proportion des découvertes & des plus heureux efforts de l'étude & du génie. On a fort étendu la nomenclature des plantes, & même beaucoup trop ; car ſouvent une plante a dix ou douze noms différens, & jamais les propriétés n'ont été moins étudiées & moins connues. Mais ſi, par la ſuite, on juge (comme je le crois) que l'étude de la Botanique doive entrer dans le plan d'une éducation ſoignée, on ſentira qu'il eſt auſſi facile qu'utile de donner aux enfans une connoiſſance au moins générale des propriétés des plantes ; & rien n'eſt plus aiſé, puiſqu'il ſuffit, pour remplir cet objet, d'avoir l'attention,

____

(1) Notamment dans la Peinture, la Verrerie, &c.

F

en cueillant chaque plante, d'expliquer en peu de mots les vertus principales de ses fleurs, de ses feuilles, & de ses racines. Dans un âge où la mémoire est si flexible, ces courtes définitions se graveront ineffaçablement dans la tête. D'ailleurs il y a dans la plupart des especes de plantes, des caracteres faciles à saisir, qui servent à en faire connoître les propriétés; c'est ainsi que presque toutes les cruciferes sont antiscorbutiques, que tous les *solanum* sont des poisons, que la plupart des plantes laiteuses sont corrosives ou suspectes, &c.

Il est extrêmement important, pour la conservation de la santé, de connoître les qualités de nos alimens les plus communs, tels que les farineux, les racines, les légumes, & les vertus des plantes employées en Médecine (1); avec cette connoissance, on sera en

____

(1) On devroit même joindre à cette connoissance celle de toutes les drogues d'une Pharmacie bien composée; quand on n'y gagneroit que d'en redouter l'usage, ce seroit beaucoup.

état de suivre un bon régime ; on pourra se préserver des méprises si fréquentes des Apothicaires & des Herboristes, & l'on ne sera ni la dupe, ni la victime de la charlatanerie ou de l'ignorance des Empyriques. La Botanique ne sera pas seulement utile aux enfans durant le printemps, l'été, l'automne, mais elle le sera encore dans leurs récréations d'hiver, & quand le mauvais temps ne leur permettra pas de sortir. Si, pendant l'hiver, les champs & les bois sont dépouillés de verdure & de fleurs, ils offrent encore au Botaniste, des mousses & des lichens dont les especes sont extrêmement variées. Ainsi, même dans cette triste saison, la Nature présente encore une multitude d'objets intéressans. On peut, durant les jours de pluie & d'orage, amuser les enfans, en parcourant avec eux des recueils de plantes gravées, & en leur faisant dessiner ou dessécher les plantes, &c. J'imaginerois même, pour les jeunes personnes, un genre d'ouvrage qui, en leur apprenant la Botanique , exerceroit leur adreſſe de la maniere la plus agréable. On eſt parvenu à imiter parfaitement les fleurs cultivées; il ſeroit facile d'appliquer cette invention à la Botanique ; en imitant d'après nature les fleurs des champs, on formeroit ainſi un herbier bien ſupérieur à tous ceux qu'on a faits juſqu'ici (1) ; & ſi l'on trouvoit cette entrepriſe trop conſidérable, une jeune perſonne pourroit ſe borner à n'employer ce genre d'ouvrage qu'à ſa parure. Il y a une multitude innombrable de plantes indigenes & exotiques infiniment plus belles que les fleurs du commerce : on auroit le plaiſir de porter toujours des ornemens nouveaux , & le plaiſir plus rare encore de s'inſtruire, en s'occupant du ſoin frivole de ſa parure,

___

(1) On a fait un eſſai dans ce genre qui a parfaitement réuſſi , & qui prouve que cette entrepriſe n'eſt ni diſpendieuſe, ni difficile à exécuter.